JN272363

超かんたん！

釣果を味わってこそ、つりは完結される！

食べるフィッシング

上田 歩 著

土屋書店

はじめに

かつて、私はキャッチアンドリリースが心情だった。それゆえ、つった魚が死ぬのは予感できたとしても、リリース…。これはキャッチアンドリリースの精神から逸脱し、とても恥ずべき行為。稀少種には、今だにキャッチアンドリリースは不動だけど、もしもダメージが大きいときは、今では持ち帰って食べることにしている。丁寧に料理し、ありがたく、残さず…あっ、忘れてました、何よりおいしく食べれば、きっとその魚も喜んでくれているんじゃないかと…。

上田 歩

超かんたん！食べるフィッシング CONTENTS

PART 1　さあ、はじめよう！つり魚料理 …………5

つり魚料理宣言…
「つった新鮮な魚を料理し、
おいしくいただきます」………………… 6

つり初心者だからといって、
つり魚料理にチャレンジしないのは
もったいない ………………………… 8

つり魚料理と魚料理の違いとは…？…… 10

でも、魚料理って面倒くさそう……①
道具があれこれ必要なのでは…!?……… 12

でも、魚料理って面倒くさそう……②
料理はしたい。けど、生臭いのは… … 14

でも、魚料理って面倒くさそう……③
魚料理は、手間と時間がかかりそう…… 16

それぞれのフィールドで
つりやすい魚、料理しやすい魚、そして
食べておいしい魚をリンクさせておこう … 18

覚えておきたい！魚の保存方法………… 21

PART 2　初級編　まずは、青背の魚のレシピからはじめよう …23

料理をはじめるまえに…知ってると超得する！
魚レシピの基礎知識……………… 24

料理をはじめるまえに…知ってると超得する！
魚のさばき方のキホン（下ごしらえ）…… 26

「アジ」を食べよう！ ……………… 30

塩焼き
アジの塩焼き………………… 30

塩焼きからのバリエーション①
アジのソテー………………… 32

塩焼きからのバリエーション②
焼きアジご飯………………… 33

から揚げ
から揚げからのバリエーション①
小アジの南蛮漬け……………… 34

から揚げからのバリエーション②
豆アジの姿揚げ煮……………… 36

から揚げからのバリエーション③
アジの胡椒揚げ………………… 37

フライ
アジフライ…………………… 38

フライからのバリエーション①
アジの梅しそはさみフライ……………… 39

フライからのバリエーション②
アジのイタリアンフライ……………… 40

フライからのバリエーション③
アジのトースターフライ焼き……………… 41

フライからのバリエーション④
アジの揚げないハーブフライ……………… 42

フライからのバリエーション⑤
アジの丼物……………………………… 43

「イワシ」を食べよう！……………… 44
蒲焼き
イワシの蒲焼き………………………… 44
蒲焼きからのバリエーション①
イワシの蒲焼き丼……………………… 45
蒲焼きからのバリエーション②
イワシのイタリアン焼き……………… 45
煮付け
イワシの煮付け………………………… 46
煮付けの下ごしらえからのバリエーション①
イワシの梅煮…………………………… 47
煮付けの下ごしらえからのバリエーション②
イワシの生姜煮………………………… 48
煮付けの下ごしらえからのバリエーション③
イワシのみそ煮………………………… 48
煮付けの下ごしらえからのバリエーション④
イワシのオリーブオイル煮…………… 49
天ぷら
イワシの天ぷら………………………… 50
天ぷらからのバリエーション
イワシのねぎ天丼……………………… 51

「サバ」を食べよう！………………… 52
塩焼き
サバの塩焼き…………………………… 52
塩焼きからのバリエーション①
サバのガーリックオイル焼き………… 53
塩焼きからのバリエーション②
サバのバター香味焼き………………… 54
塩焼きからのバリエーション③
サバのコチュジャン焼き……………… 55
みそ煮
サバのみそ煮…………………………… 56
煮ることからのバリエーション①
サバのイタリアン煮…………………… 58
煮ることからのバリエーション②
サバの大根チゲ………………………… 59
竜田揚げ
サバの竜田揚げ………………………… 60
竜田揚げからのバリエーション①
サバの揚げみぞれ煮…………………… 62
竜田揚げからのバリエーション②
サバの揚げびたし……………………… 63
竜田揚げからのバリエーション③
サバの玉ネギサラダ…………………… 64

PART 3 中級編 缶詰類＆海産物を使ったレシピ ………… 65

バリエーションもさらに広がる
早ワザ！ 本格的料理（時短料理）の
頼もしい味方…………………………… 66
カレーフレーク缶
サバカレー……………………………… 68
トマトソース缶＆トマト水煮缶
イワシのトマトソースグリル………… 70
イワシのトマトソースパスタ………… 72
サンマのトマト水煮…………………… 73
イワシのトマト水煮のチーズグラタン … 74
ソース缶＆水煮缶で
ほうれん草のチーズ焼き……………… 75
ホワイトソース缶
ニジマスとアスパラガスの
ホワイトグラタン……………………… 76

プラス牛乳でかえられる
クリーム煮とクリームスープ………… 78
キムチ
サンマとキムチの大根鍋……………… 80
サバのキムチご飯……………………… 82
スズキのキムチ春雨…………………… 83
マヨネーズ
スズキの明太子マヨネーズ焼き……… 84
スズキのみそマヨネーズ焼き………… 85
海産物
サバのウニみそ焼き…………………… 86
タイの刻み昆布煮……………………… 87
スズキとアサリのあっさり煮………… 88

PART 4 上級編 大物をつり上げたときの料理 ………… 89

海上つり堀なら高級魚も
かんたんにゲット！ ……………………… 90
「マダイ」を食べよう！ ………………… 90
「ブリ」を食べよう！ …………………… 91
「カンパチ」を食べよう！ ……………… 91
「ヒラマサ」を食べよう！ ……………… 91
「シマアジ」を食べよう！ ……………… 91
刺し身の切り方のパターン ……………… 92

刺し身からのバリエーション①
マダイのコブめ …………………………… 93

刺し身からのバリエーション②
マダイのマリネ …………………………… 93
マダイの塩釜焼き ………………………… 94
マダイの蒸し物 …………………………… 95
ブリのみそ漬け …………………………… 96
ブリ大根 …………………………………… 97
ブリの照り焼き …………………………… 98
ブリのしゃぶしゃぶ ……………………… 99

ある意味大物!?
レシピのバリエーションは豊富！ …… 100
「タコ」を食べよう！ ………………… 100
マダコの酢の物 ………………………… 100
マダコのから揚げ ……………………… 101
イイダコの煮物 ………………………… 102
マダコ飯 ………………………………… 103
「イカ」を食べよう！ ………………… 104
イカのラー油炒め ……………………… 104
イカと帆立貝のアボカド和え ………… 105
スルメイカの一夜干し ………………… 106

PART 5 つったその場で食べたい料理 ………… 107

つった魚をBBQで食べよう ………… 108
アジのなめろう ………………………… 111
アジのハンバーグ ……………………… 111
アジのサンドイッチ …………………… 112
イカのホイル焼き ……………………… 112
イカのポンポン焼 ……………………… 113
漁師鍋 …………………………………… 113

「ニジマス」を食べよう！ …………… 114
ニジマスの下ごしらえ ………………… 115
ニジマス バター焼き＆ムニエル …… 116
ニジマス チャンチャン焼き ………… 117
ニジマス 燻製 ………………………… 118
「ワカサギ」を食べよう！ …………… 120
ワカサギの下ごしらえ ………………… 121
ワカサギ フライ＆ソースフライ丼 … 121
ワカサギ 柳川丼 ……………………… 121

●魚のおろし方 ………………………… 122
●ヒラメ・カレイ五枚おろしのさばき方… 124
●イカのおろし方 ……………………… 126
●タコのおろし方 ……………………… 127

PART 1
さあ、はじめよう!
つり魚料理

つりの醍醐味の1つといえば、それは数つりに成功したときでしょう。
どうですたくさんつれたら、つり魚料理に挑戦してみませんか？
きっと、もっとつりが好きになりますよ。

PART 1 さあ、はじめよう！ つり魚料理

つり魚料理宣言…
「つった新鮮な魚を料理し、

　みなさん、つりをしていますか？　そして、そのときにつった魚はどうしていますか？　日本の海や川は、食べておいしい魚たちの宝庫です。もしも、あなたが魚好きにもかかわらずつり魚料理に二の足を踏んでいたのなら、ここで声高らかに、つり魚料理を始めることを宣言しちゃいましょう。ほらっ、魚をおいしく料理するプロたちも応援していますよ。

パスタ

チュッカハムニダ
축하합니다！

カレー＆ナン

キムチ

アウグーリ
Auguri!
おめでとう

ムーバック・ホー
मुबारक हो！
おめでとう

おいしくいただきます」

フライ

コングラチュレーション
Congratulations!
おめでとう！

おめでとう！

恭喜！コンシー
おめでとう 恭喜！コンシー

ヤムチャ

姿造り

PART 1 さあ、はじめよう！ つり魚料理

つり初心者だからといって、
つり魚料理にチャレンジしないのはもったいない

　つり初心者が難しいつりにチャレンジしたときはボウズ（1匹もつれないこと）の可能性は大ですが、身の丈に合ったつりを選んだ場合、意外にも大漁になる確率は高いのです。ここでいう身の丈に合ったつりとは簡単な釣法のことであり、かんたんにつれる魚はアジやイワシのように群れていることが多いので、つれるというわけです。つまり、食材には事欠かないのですよ。

初心者でも食材をゲットしやすいフィールド "ベスト4"

自然派

フィールド①　堤防

初心者にはサビキづりがオススメ。群れている魚に効果があるよ。

なんといっても、足場が良いので安心してつれる。潮通しも良く、回遊する魚から底に棲む魚まで、幅広く狙える。

※サビキづりは、複数のハリを水中で上下（サビく）させて誘うつり。

フィールド②　船

船頭さんが魚のいる場所を見つけてくれる。後はつるだけでラク。

ポイントまで船頭さんが連れて行ってくれて、つり方まで教えてくれる。魚種もある程度は限定できる。

施設派

スタッフさんがとにかく優しい。だからつっていて楽しいし、安心。

フィールド③ 海上つり堀

近年、人気の出てきた海上にある施設。つれる魚はマダイやブリといった高級魚ばかり。切り身の料理に向いている。

フィールド④ 管理つり場

こちらは淡水域の施設。メインターゲットはニジマス。料理のレパートリーは多い。他に湖のワカサギつりもおすすめ。

BBQ施設が常設されていたりするから、その場で料理して舌鼓。

つった後は、料理を楽しもう！

つれることは嬉しいし楽しいから、ついついつり過ぎちゃうよね。でも、それは決して悪いことじゃない。もちろん、ちゃんと料理して食べてあげればの話だけどね。

持ち帰る魚は必ず家族が食べられる数にする。乱獲はいけないよ。

つってきた魚を見ながらレシピを決めるのは、最高に楽しい瞬間。

PART 1　さあ、はじめよう！ つり魚料理

つり魚料理と魚料理の違いとは…？

　おいしい魚は鮮度が命。最近では、産地直送の魚屋さんも多くなってきましたが、もっと鮮度の良い"高級魚"が手にできるのがつり魚です！　現地の民宿で魚料理を食べるのも、もちろんおいしいですが、つりを楽しんだあとに、つった新鮮な魚をその場で、また家に持ち帰って料理して食べる喜びはヒトシオです。まさにこれが「つり魚料理」の魅力なのです。

おいしい魚が食べられる情景

漁港近くにある船宿

新鮮な魚を食べる一番の方法は、信頼できる"海の民宿"に行くこと。ただし、手間としては、自らつるのとあまり違いはない。なぜなら民宿の主人も沖で魚をつってくるからね。

今日は2組予約が入ってるからよろしく！

おう！ いっちょう、ウマイ魚を食わしてやるか

アジか…、できればタイをとりたいな

街の魚屋 の 風景

世のお母さんたちは大変。少しでも新鮮な魚を手にするために、魚の目玉をのぞき込んだり、ヒレの色を見たり、はたまた魚体を指で押したり…。

> 今日はどの魚にしようかな？目で見て、手でさわって決めちゃうよ

> そんなに触られたら、それで活きが悪くなるなぁ

> ラッピングされてると、なかなか魚の新鮮具合を見分けるのって難しいね

つりを楽しんで、新鮮な魚をゲット！

> 食べておいしい魚のつりは、つりそのものを楽しめて、なおかつ新鮮な魚をゲットできるから、サイコー!!!

PART 1　さあ、はじめよう！ つり魚料理

でも、魚料理って面倒くさそう……①

道具があれこれ必要なのでは…!?

　魚料理と聞くと、「分厚いマナ板にのせた魚を出刃包丁や刺し身包丁でさばく…。」といったイメージをもつかもしれません。でも、それはあくまでプロの料理で、私たちの料理は家庭料理。だから一般家庭にあるものでOK。また、ひとり暮らしのようなワンルームマンションでも大丈夫。それこそ目玉焼きを作ることができれば、おいしい調理は十分可能なのです。

魚料理のプロ中のプロ、お寿司屋さんの調理場

寿司屋の板場　数々の包丁がズラ～～リ。確かに、見ているだけでおいしそうだけどね。

板場には、柳刃（刺し身）、出刃、小出刃、薄刃といった包丁が並ぶ。

寿司屋といえば、この分厚いマナ板。とても一般家庭には置けない代物。

12

道具① 包丁

いわゆる**万能包丁**（三徳包丁）と**ペティナイフ**のような果物ナイフの2つがあればOK。

万能包丁

ペティナイフ

●ペティナイフ

刃先は狭いため、小さい魚はもとより、骨から身を切り離すといった細かな作業用。

●万能包丁（三徳包丁）の使い方

刃元から切っ先までを引きながら切るように使う。特にお刺し身のときなどはね。大きい刃、全体を使うようにする。

道具② グリル

フライパンがあれば、基本的には全てカバーできる。また調理法によっては、オーブントースターの方が失敗しないので便利。ぜひ、多用しよう。

●フライパンの調理例①

クッキングシートを使えば、ムラなく焼ける。それに火の通りも早いため、時短料理の一役になる。

●フライパンの調理例②

もともと脂の多い魚はサラダ油などをしかなくても調理可能。だからとてもヘルシー。

●オーブントースター

オーブントースターのよさは、両面を一度に焼けるところにある。おまけにちょっとした洋風料理もこれならかんたんにできる。

まあ、確かにグリルがあれば、それはそれで良いのだけどね。

PART 1　さあ、はじめよう！　つり魚料理

でも、魚料理って面倒くさそう……②

料理はしたい。けど、生臭いのは……

　魚料理が敬遠される理由のひとつに、調理の後に残る"生臭さ"があります。主なにおいの元は、内臓や皮の部分。おまけにこれらの部位は、とても傷みやすくもあります。おまけに現代では、いつでもゴミを出せるわけではありません。そこで、調理後の生ゴミ対策をはじめ、いくつかタメになるにおい撃退法を紹介しましょう。

生ゴミ対策①　熱湯→冷凍

都会ではゴミ出しの日は決められている。これは調理した日からゴミ出し日まで日数があるときの方法。

❶ 熱湯をかける

❷ 冷めたら新聞紙でくるむ

❸ ビニール袋に入れてギュッと口を閉じる

❹ 冷凍庫に入れる→ゴミの日にポイッ

生ゴミ対策② 焼く

調理の翌日にゴミ出しできるときは、捨てる部位を焼いてしまうのも方法。かなりにおいは軽減される。

生ゴミ対策③ 食べる

生ゴミを食べるとは、何とも聞こえは悪いかもしれないが、アラ（頭や内臓）は、そもそもうまみ成分の宝庫。とても良いダシが取れる。みそ汁など最高。

※ダシの取り方は、25ページ参照。

調理前の対策 マナ板

調理をはじめるとき、**マナ板の表面を水でぬらしておくこと**。これはにおい対策の絶対的法則！ もしも乾いたまま、魚体をのせて調理をしてしまうと、魚のヌメリはダイレクトにマナ板へ…。

ぬらすのに、お湯を使うのも絶対にダメ

調理後の対策 両手

調理後の両手につくにおいも気になる人には辛いもの。

①**酢**、または**重曹**で洗う。重曹は薬局で買える。山菜の灰汁ぬきにも使うんだよねー

※重曹は薄めに使う。

②さらに石鹸で洗う。驚くほどににおいは消えるはず

15

PART 1　さあ、はじめよう！　つり魚料理

でも、魚料理って面倒くさそう……③
魚料理は、手間と時間がかかりそう…

　とかく現代人は、時間に追われています。魚が身体に大変良い食材であることは重々わかっていても、つい敬遠されてしまうのは、調理時間に対する偏見といっていいでしょう。しかし、これはまちがいです。もともと魚は火の通りが早い食材であり、たいていの料理は5〜6分もあればOK。つまり、時間のないときこそ、魚をおかずにするべきなのです。

手間いらず、時間いらずの魚料理

まだ、かしら。お腹ペコペコ

もうちょっと、待ってて。家庭用コンロって火力弱過ぎ

お肉って……
意外と時間がかかるのが肉料理。まず、筋を切ったり、叩いたりと、下ごしらえが必要。いざ焼くときも、十分火を通さなければならないから、かなりの時間が必要。

意外でしょ、魚料理ってすぐできちゃうのよ

ええっ、もうできたの!?

あっという間
魚を三枚におろすとなると、確かに慣れるまでには時間もかかる。しかし、ウロコや内臓、エラくらいの下ごしらえならかんたん！　調理の時間もすぐに火が通るから、みんなを待たせずにもてなしができる。

時短料理の3原則

原則① いかにして手間を省くか

例えば、既製品のトマトソースなどを使えば、調理時間はかなり短縮できる。魚が新鮮だからこそ、既製品でも十分おいしい。

完成されたソースや調理食材は、それだけで十分な味付けになる。

スーパーマーケットには時短のヒントになるものがあふれている。

原則② アイデア次第でもう一品

意外に途中まで料理手順は同じだったりする。それを逆手にとってレシピを増やす。同じ魚がたくさんつれるからこその料理。

慣れるまでピンとこないけど、あれこれ考えるのって楽しい

フライ→イタリアン。フライ→のりのはさみ揚げ。ひとつの料理が3つのレシピになる。

イタリアン
フライ
のりのはさみ揚げ

原則③ 片づけも料理のうち

例えば、フライパンを使うだけで、かなり片づけの時間は短縮できる。また、新鮮な魚は捨てるところが少ないからゴミ出しがラク。

グリルに比べてフライパンは洗うのがラク。油も少なくて済むよ。

新鮮なつりたての魚はおいしいから、捨てるゴミが少なくてラク。

PART 1 さあ、はじめよう！ つり魚料理

それぞれのフィールドで
つりやすい魚、料理しやすい魚、そして食べておいしい魚をリンクさせておこう

　つった魚のすべてが食べられるわけではありません。おまけに食べられる魚のなかには、食べてもあまりおいしくないものもいます。つりには多種多様な目的があります。もしもつり魚料理を目的とする場合、つりたい場所で何を狙えばその後の料理まで楽しめるか、あらかじめ知っておきましょう。これは初心者であればあるほど重要です。

船つり

　つりは、実際に魚をつる行為の他に、魚のいる場所（ポイント）を探すことも必要。船つりの場合、ポイントは船頭さんが案内してくれるため、安心してつりを楽しむことができる。対象魚は豊富で、旬の魚を船頭さんが探してつらせてくれる。

マダイ　メバル　イサキ　ヒラメ　イカ　イイダコ

堤防つり

防波堤は、高波や潮の流れなどから港を守るために造られた人工物。防波堤にぶつかった潮の流れは複雑に変化するため魚が集まってくる。また、岩礁帯や砂礫の湾内などにも造られていることなどもたくさんの魚が集まる理由。**魚の旬に合わせて、つりに行けるフィールドだ。**

> 防波堤は、港からそのまま移れるので、たいした装備もいらないうえ、**足場も安全**だから、**家族や女性でも気軽に楽しめるつり場**だよ。おまけに食べておいしい魚もたくさんいるよ。

サバ　カサゴ　シロギス　ハゼ　スズキ　アジ　イイダコ　イワシ　カレイ

PART 1 さあ、はじめよう！ つり魚料理

海上つり堀

海上つり堀は、湾内に作られた生簀(いけす)を利用した施設。**つれる魚は高級魚ばかり**。実際、この魚たちを自然界でつろうとしたら、初心者には難しい。つった魚を持ち帰る際の**「〆め」**のサービスは、つり魚料理をするものにとってはとてもありがたいサービス。

マダイ
カンパチ
ブリ
シマアジ

湖や管理つり場など

淡水にはつって楽しい魚はたくさんいるが、これを食べるとなるとちょっと難題だ。これは何もマズイといっているのではなく、初心者には調理が難しい魚が多いのである。ここでは、つるのはかんたん、料理もかんたん、食べておいしい魚がターゲット。

ワカサギ
ニジマス

覚えておきたい！ 魚の保存方法

　活きの良い魚ほど保存は利きます。なので、つれた魚の鮮度を落とさずに持ち帰ることが何よりも大切なことです。クーラーのなかの海水に入れた氷が、帰宅後、翌日までもたなければ、万全とはいえません。氷はケチらずにたっぷり用意しましょう。また、冷凍するにあたっては、そのままは厳禁！　必ず一の手、二の手を加えることを覚えておきましょう。

現地でつれた魚を保存するときの方法

🐟 クーラーの保存方法（小・中型魚）

つっているとき
つった魚は生きたままクーラーに入れるのが基本。何度も開閉してると冷気は逃げてしまうから、バケツに生かしておいて、ある程度つれたら入れる。

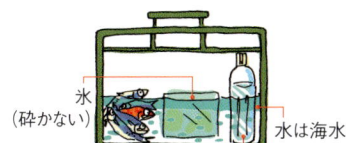

氷（砕かない）
水は海水
ペットボトルの水を凍らしたもの
※死んでからでは遅いので注意

帰宅するとき（夏以外の季節）
氷のうえに新聞紙をしいて、そのうえにつった魚（生け〆めにしたもの）を入れる。

新聞紙
ビニール袋に包んだ板氷

帰宅するとき（夏の高温時）
砕いた氷をたっぷり入れる。ビニール袋でつった魚は密閉して保存。

こぶしくらいの氷
食塩をひとつかみ
※氷は帰宅した翌日までもつ量を入れるのが基本

🐟 生け〆めの方法（大型魚）

❶ 切れ目を入れる
頭の後ろ（エラの上）と尾の付け根にナイフなどで切れ目を入れる。刃先は中骨まで刺し入れること。

❷ しぼる
魚体を押しつけて圧迫する。ここである程度、血をしぼり出しておく。血は臭みの元になり、ぬけば味は落ちない。

❸ 水に入れる
水のはいったバケツを用意し、そこに❷の魚を入れておく。これでさらに魚の血がぬけるようになる。持ち帰りはクーラーに入れる。

PART 1 さあ、はじめよう！ つり魚料理

自宅で魚をおいしく冷凍保存する方法

🐟 ほぼそのまま冷凍する場合

魚
内臓やエラ、ウロコを処理した（P122参照）魚は、1匹ずつビニール袋に密閉して保存する。

タコ
頭（胴）をひっくり返して内臓を取る（P127参照）。さらに皮をむいて密閉して保存する。

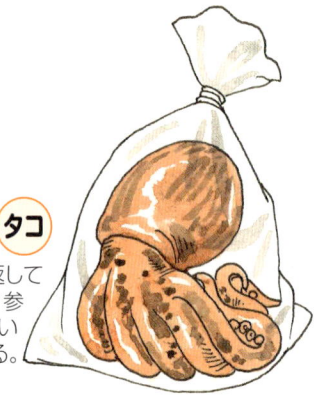

🐟 一の手、二の手を加える

一の手→下ごしらえ
そのままの冷凍はうま味成分が劣化してまずくなる。切り分けるだけでも劣化は防げる。

二の手→調味を施す
切り分けたものに、塩・コショウや漬けを施せば、さらに長時間劣化を防げる。

家庭用冷蔵庫で、魚をそのままの状態で冷凍はしないこと。

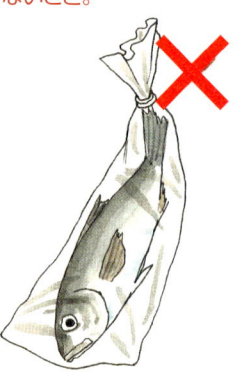

コツのコツ 急速冷凍そしてゆっくり解凍

冷凍
冷凍するときは、冷凍庫内の冷気排出口になるべく近づける。これで急速な冷凍が可能。

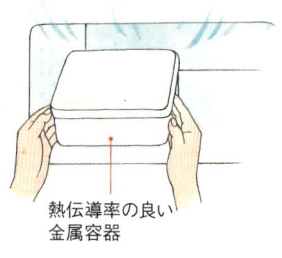

熱伝導率の良い金属容器

解凍
解凍するときは、冷凍庫から冷蔵庫に場所を移動する。これでゆっくり解凍が可能。

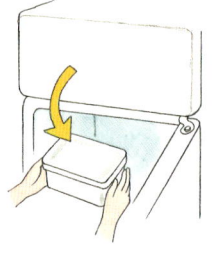

解凍後は、すぐに食べるようにしようね！ 解凍後は急激に鮮度が落ちてくるし、臭みも強くなるからね。

PART 2

初級編

まずは、青背の魚のレシピからはじめよう

青背の魚（アジ、イワシ、サバ）は、
初心者でもかんたんに、しかもたくさんつれる魚です。
たくさんつれる魚ですから、失敗を恐れず、
調理のイロハをとことん会得しましょう。

PART 2 初級編 まずは、青背の魚のレシピからはじめよう

料理をはじめるまえに…知ってると超得する！
魚レシピの基礎知識

2章からさっそく料理の内容にはいっていきますが、料理に突入する前に、知っておくと、様々な料理に役立つ、魚料理の基礎知識を覚えておこう！

- 魚のおいしさをより引き出すための基本ポイント（P.24～25）
- 魚のさばき方
  ※2章で扱う、アジ、サバ、イワシのサバキ方はP.26
  3章以降で扱うその他の魚のサバキ方は巻末を見てね！

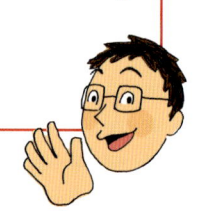

魚のおいしさをより引き出すための基本ポイント

知っ得！キソ知識 魚のおいしさをより引き出すための基本ポイント①
魚の部位のクセに合わせて料理の仕方をかえる！

● **クセの弱い部位**
アラ（頭や内臓、骨）・血合いなどを除いた部位。一般的に好んで食べられる。

▶▶▶ **塩焼き**
P.30　P.52

● **クセの強い部位**
クセの強さでは、血合いと呼ばれる部位が一番。主に背骨の周囲にある部位。

▶▶▶ **揚げる**
P.34　P.38　P.50　P.60

血合いは、その名の通り、血液が多いために味は落ちるが、**鉄分やビタミン類は多くて栄養価は高い。**臭みが強いから、揚げたり、ショウガやみそ、カレー粉などを使うと食べやすいよ。

血合い…
栄養があるよ…

魚レシピの基礎知識

知っ得！キソ知識
魚のおいしさをより引き出すための基本ポイント②
うま味成分のコラボレーションで最強のテイストが実現！

魚のうま味成分（イノシン酸） ＋ しょうゆやみそのうま味成分（グルタミン酸） ＝ 5倍以上の味の深み

わたしたちキセキのコンビ！

お肉に比べて、魚だと合わせるだけでかんたんにおいしく作れる。時短料理にもなるよね。

知っ得！キソ知識
魚のおいしさをより引き出すための基本ポイント③
くさみ消しは、ワイン・日本酒・バター・ハーブ

●くさみ消し

ワインや日本酒　　バター　　ハーブ

外国でもたくさん食べられている魚。だからこそ、海外の調味料や香辛料がヒントになる。

和洋中で使い分ければバッチリ

知っ得！キソ知識
魚のおいしさをより引き出すための基本ポイント④
捨てるところがない!?
魚のアラはうま味のスーパー宝庫！

●アラの下処理のやり方（霜降り）

なかなか手間のかかる作業。たけどこの味を知ったら、もう市販のだしでは満足できない。

①アラ（頭や中骨）をザルに入れて熱湯をかける。鍋を火にかけてそのなかに通すやり方もある。

②冷水（氷水）に入れ、霜降りに。それから流水か、たまり水でウロコや汚れを取り除く。これを鍋に戻して沸かせば、最高のだしがとれる。

25

PART 2　初級編　まずは、青背の魚のレシピからはじめよう

料理をはじめるまえに…知ってると超得する！
魚のさばき方のキホン（下ごしらえ）
―三枚おろし・腹開き・背開き・手開き―

　小さい魚は、姿揚げなどにすると、とてもおいしく食べることができます。しかし、つれた魚のサイズが20cm以上では、何らかの下処理をしないとおいしく食べることはできません。下処理のメインは"魚をおろす"ことです。もちろん、最初から完璧にできる人などいません。「習うより慣れろ」の精神で、少しずつマスターしていきましょう。

> **知っ得！キソ知識**
>
> **三枚おろし**…三枚におろした半身（上身、下身）はそのまま調理するか、切り分けて刺し身や切り身など、あらゆる料理で使う。
>
> **腹開き**…調理したときに背と腹の部位のそれぞれの食味や食感をきわだたせたいときの開き方。焼き物などに向いている。
>
> **背開き**…主に、肉の厚い背の部分と肉の薄い腹の部分に対し、均一に火を通したいときの開き方。
>
> **手開き**…主にイワシ料理で使う。

三枚おろし（二枚おろし）

❶ ゼイゴ（ゼンゴ）を取る

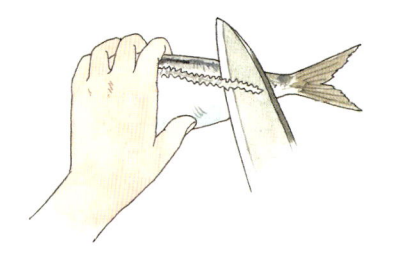

水洗いをし、ゼイゴ（ゼンゴ）と呼ばれるアジ特有の固いウロコを、両側とも取り除く。そして、表面のウロコもこそげ取っておく。

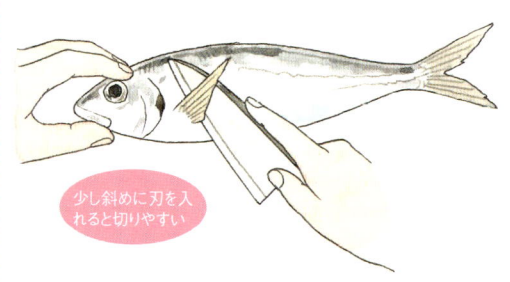

❷ 頭を取る（1）

少し斜めに刃を入れると切りやすい

手で頭をしっかり押さえておく。胸ビレの下から包丁を入れて切る。

魚のさばき方のキホン（下ごしらえ）

③ 頭を取る（2）

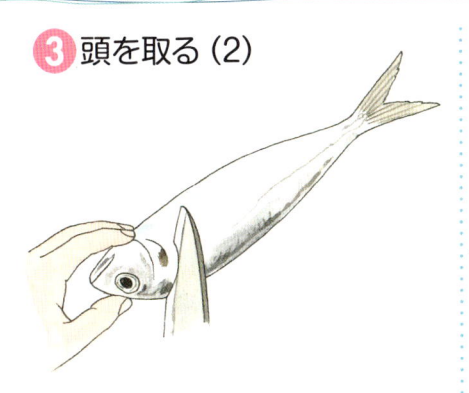

背が手前にくるように反対側にし、背中側から斜めに包丁を入れて、完全に頭を切り落とす。

④ 内臓を取る

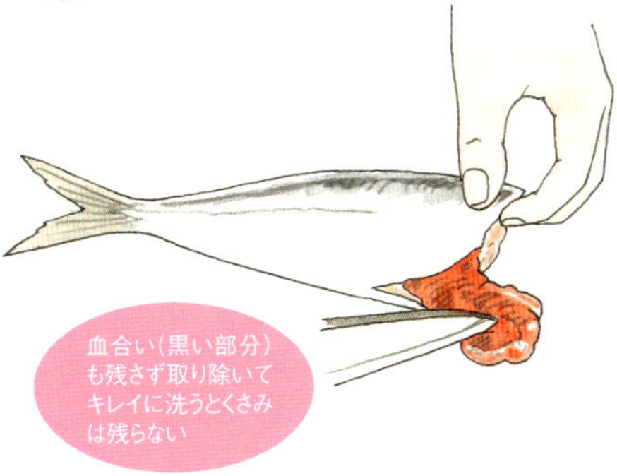

血合い（黒い部分）も残さず取り除いてキレイに洗うとくさみは残らない

切り離したところから縦にお腹を5〜6cm切る。そこから内臓を取り出す。

⑤ 二枚おろし

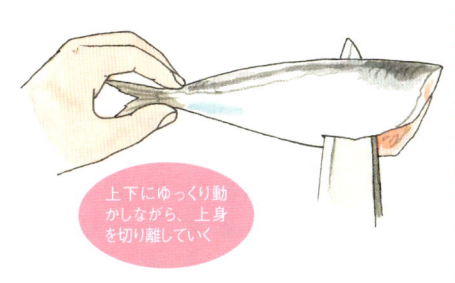

上下にゆっくり動かしながら、上身を切り離していく

切り離したところから中骨に沿って包丁を入れる。魚が大きい場合は反対の背からも同様に刃を入れて切り離す。二枚おろしはこれで完成。

⑥ 三枚おろし

下身も二枚おろしと同様にして切り離していく。

⑦ 完成

上身、中骨、下身の三枚に分かれた身。

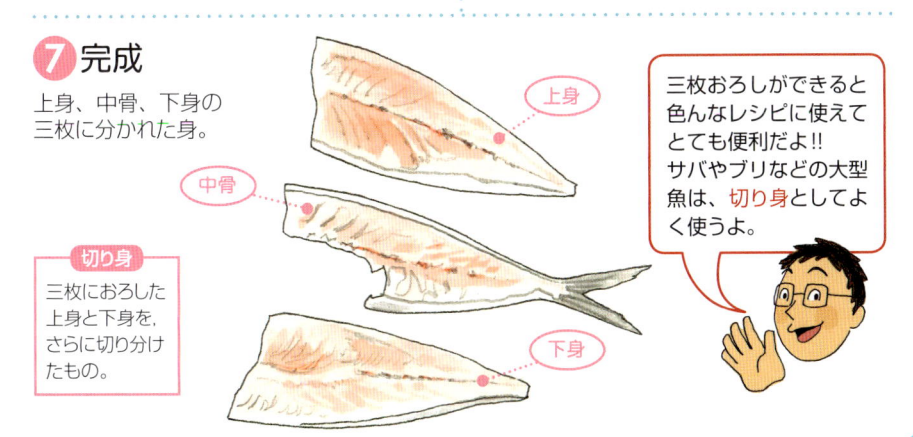

上身
中骨
下身

切り身
三枚におろした上身と下身を、さらに切り分けたもの。

三枚おろしができると色んなレシピに使えてとても便利だよ!!
サバやブリなどの大型魚は、切り身としてよく使うよ。

27

PART 2　初級編　まずは、青背の魚のレシピからはじめよう

腹開き

① 腹を割る

エラの下側から刃を入れて腹側へと切っていく。このときに内臓は傷つけないようにする。

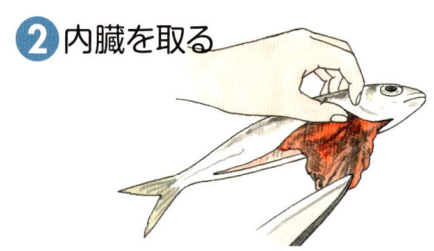

なるべく刃を寝かせて行うのがコツ

② 内臓を取る

刃先でかき出すように内臓を引き出していく。中は血合いも含めてよく水洗いする。

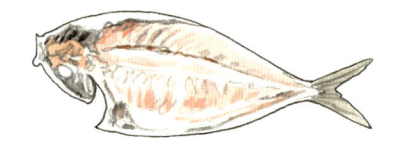

③ 身を割る

頭を割って身を開いていく。このときに背ビレの皮を傷つけないようにすれば、しっかりとした身になる。

④ 完成

干物にするならこのまま。揚げ物などに使うなら中骨や腹骨は取り除く。

背開き

① 身を割る

背開きの場合、手前側の背ビレに向けて、尾ビレの方から開いていく。

くれぐれも刃先が腹の肉を突きぬけないように注意

② 中骨を取る (1)

中骨のある方の身を手前にし、頭の方から包丁入れて

開いた身から中骨を切り離していく。

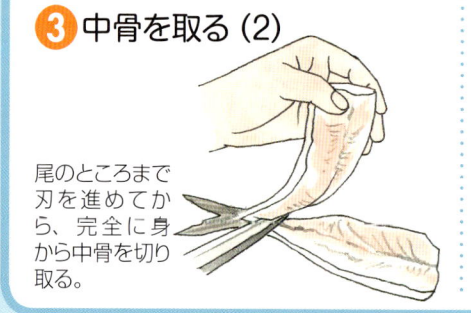

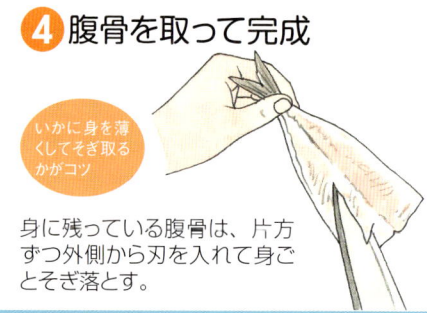

③ 中骨を取る (2)

尾のところまで刃を進めてから、完全に身から中骨を切り取る。

④ 腹骨を取って完成

いかに身を薄くしてそぎ取るかがコツ

身に残っている腹骨は、片方ずつ外側から刃を入れて身ごとそぎ落とす。

魚のさばき方のキホン（下ごしらえ）

手開き

❶ ウロコと頭を取る

なれると手でも落とせる

包丁を立てて刃先で尾から頭にむかってなでるようにする。するとウロコはかんたんにはがれていく。それから頭を落とす。

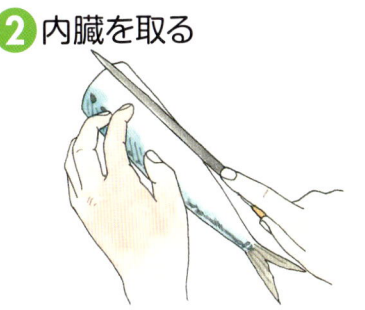

❷ 内臓を取る

お腹へ斜めに薄く包丁を入れる。そこから内臓を出す。中はキレイに洗って、よく水気を取っておくこと。

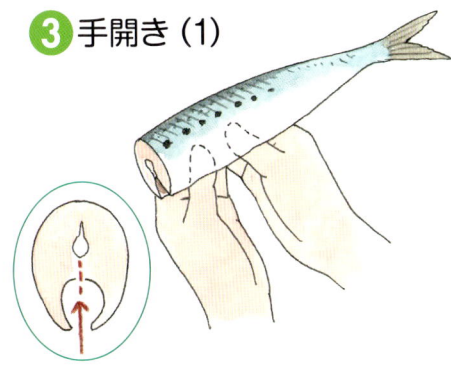

❸ 手開き（1）

図のように身を両手に持つ。開くのに使用するのは主に親指。まず親指の先が中骨にさわるまで、身に差し入れていく。

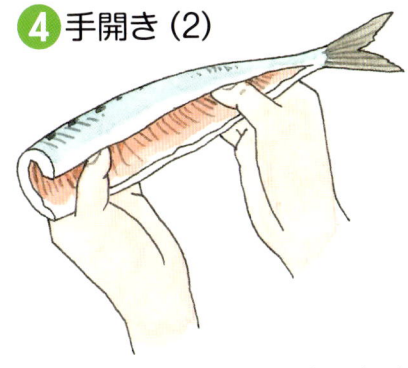

❹ 手開き（2）

中骨にさわったら、そこから左右にジリジリと中骨をしごくようにしながら身をはがしていく。

❺ 中骨を取る

身を開いたら、尾のところで中骨は折ってしまう。それからゆっくりと身をこわさないようにはがし取る。

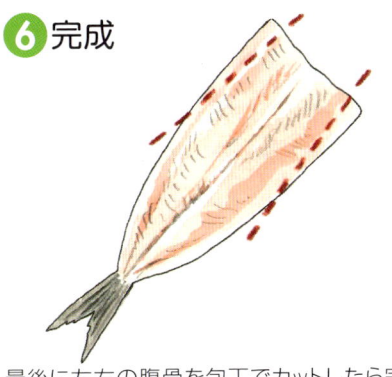

❻ 完成

最後に左右の腹骨を包丁でカットしたら完成。

PART 2　初級編　まずは、青背の魚のレシピからはじめよう

「アジ」を食べよう！

マアジ

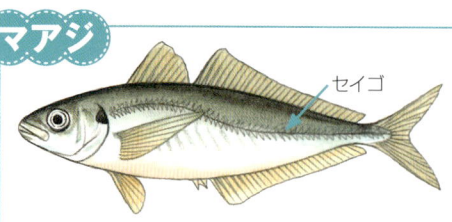

セイゴ

● 和名＝真鯵　● スズキ目アジ科
セイゴという側線の変化したトゲ状のウロコがある。

● 日常習性
沖の深場で生息しているが、春は産卵のために浅場へやってくる。常に群れで行動する習性があり、夜は明かりのあるところに集まる。

● 主なフィールド
船・防波堤

● 主な釣法
ウキ（固定式）づり／コマセ（サビキ）づり／コマセ（胴突き）づり

★ 食べて体にうれしい情報
EPA（ガン細胞の増殖を抑えたり、中性脂肪の低下に効果）とDHA（老化や動脈硬化を防ぎ、脳細胞を活性）が豊富。高タンパクだけど、低カロリーで低脂肪と、まさに健康食のためのサカナ。

● 釣期

1	2	3	4	5	6	7	8	9	10	11	12
		★	★	★	★	★	★	★			

（・■＝良い　■＝最盛期　・旬＝★）

● おいしい食べ方
・塩焼き　　　　・刺身
・から揚げ（フライ）　・干物など

Variation

◆ 塩焼き ◆

何もせずそのまま焼くからかんたんシンプル。まずは魚本来の味を楽しみましょう。

アジ 塩焼き

アジの塩焼き

味つけは塩のみ。
シンプルでかんたん、おいしい！

🕐 所要時間：**15分程度**
※所要時間に2度塩作業は含まれない

🧰 道具：**フライパン**

🐟 材料（1人分）
・アジ ……… 1尾（ワタとぜいごは取らない）
・塩 ………… 小さじ1×2

アジの塩焼き

❶ 塩をふる（一度目）。 最初の塩ふりは両面にふった後、室温で約20分くらいおく。

❷ 一度洗う
出てきたヌメリを臭みといっしょに洗い流す。

❸ ふき取る
洗い終わったら、キッチンタオルで水気をふき取る。それから再び両面に塩をふる（二度目）。ヒレには多めにふる（化粧塩）。
※❶～❷を今後は一度塩作業と明記

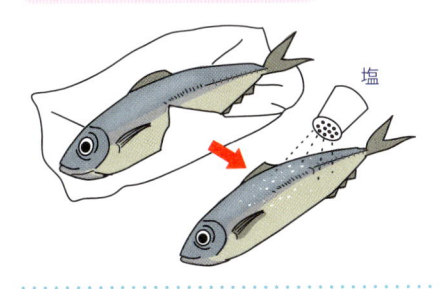

❹ フライパンで焼く場合
（オーブントースター、グリルパン）
クッキングシートを使うが、**フライパンの大きさに合わせてカットしておくこと。** そうしないと焦げたり燃えたりするので注意。

❺ 焼き方
盛り付け側から焼く。中火で5～8分が目安。焼き目が確認できたら引っくり返し、今度は5分くらい焼く。

ワンポイント 決して焼き過ぎないこと。あと一歩のところで火は消し止め、余熱で焼き上げる。皮はパリパリ、身はふっくらと仕上がるよ。

オーブントースターで焼く場合
調理後の洗い物はラクだが、焼きには多少時間がかかる。天板にはアルミ箔を敷く。

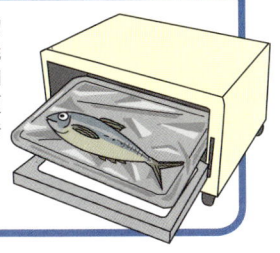

グリルパンで焼く場合
基本はやはりこれ。他よりも火力が強いため、短時間で焼ける。焦がさないように注意。

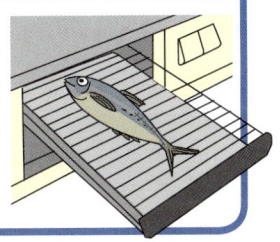

PART 2 初級編 まずは、青背の魚のレシピからはじめよう

アジ
塩焼きからのバリエーション①

アジのソテー

焼きと仕上げのバターで、さらに食べやすくなるレシピ。

🕐 所要時間：15〜20分程度
※所要時間に一度塩作業は含まれない

🍴 道具：包丁、フライパン

🐟 材料（1人分）●腹開きP.28の内臓の取り方参照

- アジ ………… 1尾（ワタとぜいごを取ったもの）
- 塩、コショウ …… 少々
- **A（ソース）**
  - サラダ油 ………… 大さじ1
  - バター ………… 大さじ½
  - しょうゆ ………… 大さじ1
  - レモン汁 ………… 大さじ1
  - 白ワイン（料理酒）… 大さじ1

今夜は、先日つったアジを料理してもらって一杯やるか…楽しみ

❶ 下ごしらえ
一度塩作業（P.31）の後、ワタとゼイゴを取ったアジに斜めに切り込みを入れる。塩、コショウをする。

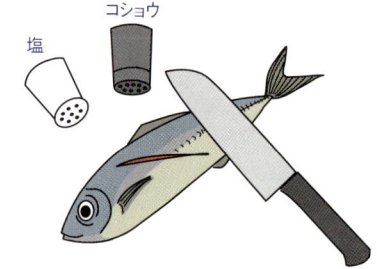

❷ 焼く
①フライパンにサラダ油を入れる。中火で熱くなるまで待ってから、②アジを入れる。両面の色が変わるまでしっかり火を通す。

❸ キレイに拭く
焼き色がついたら、いったん火を止める。アジを寄せて、身から出た油や残ったサラダ油をペーパータオルでキレイにする。

❹ 仕上げ
再び火を入れ、バターを入れる。両面を返しながらバターをよくなじませたら、A（ソース）を加えて一炙りさせたら完成。

レモンじょうゆソース
バター

アジのソテー／焼きアジご飯

アジ 塩焼きからのバリエーション② 焼きアジご飯

焼いたアジとご飯を一緒に炊いたらできあがり！

- 所要時間：30分程度
  ※所要時間に一度塩作業は含まれない
- 道具：包丁、グリル（フライパン）、炊飯器
- 材料（1人分） ●腹開きP.28の内臓の取り方参照
  - アジ……大は1尾・中は2尾
    （ワタとぜいご、背ビレを取ったもの）
  - 塩…………少々
  - 米…………1カップ
  - 水…………1カップ
  - しょうゆ…50cc
  - ショウガ…適宜
  - 大根おろし…………好みで

① 下ごしらえ
一度塩作業（P.31）の後、ワタとゼイゴと背ビレを取ったアジの両面に2〜3か所切れ込みを入れる。塩をふり、少し焦げ目がつくらい焼く。

② いっしょに炊く
通常のご飯を炊く前の段階で焼けたアジとしょうゆを入れ、炊飯器のスイッチを入れる。

③ 一度取り出す
炊き上がったら、一度アジを取り出す。

④ 骨を取る
取り出したアジは身と骨を分け、細く切ったショウガとともに炊飯器に戻して混ぜたら完成。

調理のコツ！
ていねいに身をほぐして骨は完全に取り除くこと。

PART 2 初級編 まずは、青背の魚のレシピからはじめよう

Variation

◆から揚げ◆

つれたアジのサイズによって、レシピを決めていくというパターンもあります。

アジ から揚げからのバリエーション ①

小アジの南蛮漬け

頭から骨まで食べられるのでカルシウムたっぷりのレシピ。

🕐 **所要時間：25分程度**
※所要時間に下ごしらえは含まれない

🍱 **道具：フライパン、小鍋**

🐟 **材料（1人～3人分）**

- アジ ……… 豆アジと呼ばれる小さいもの12尾（エラとワタを取ったもの）
- 塩 ………… 少々
- コショウ（から揚げの場合）… 少々
- サラダ油 …… 適量（フライパンの大きさに合わせて）
- **A（漬け汁）**
  - しょうゆ …… 大さじ3
  - 酢 ………… 大さじ3
  - 水 ………… ½カップ
- **B（お好み野菜）**
  - 玉ネギ …… ½個
  - セロリ …… 30g（葉と根元部分を合わせる）
  - ニンジン …… ½個
  - トウガラシ … 好みで

❶ 豆アジの下ごしらえ（1）

頭の下の部分をつまんで下に引く。すると内臓もほぼいっしょに取れる。残った内臓は指先でかき出しておく。

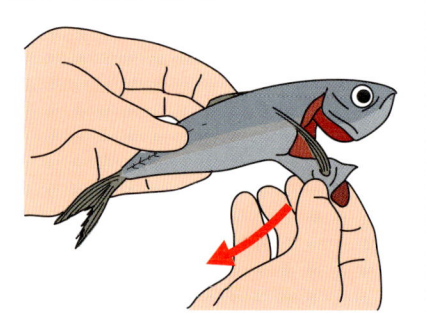

❷ 豆アジの下ごしらえ（2）

❶を水洗いした後、水気をしっかり取る。それから塩をふり、小麦粉を薄くまぶす。なお、から揚げの場合は、塩といっしょにコショウもふっておく。

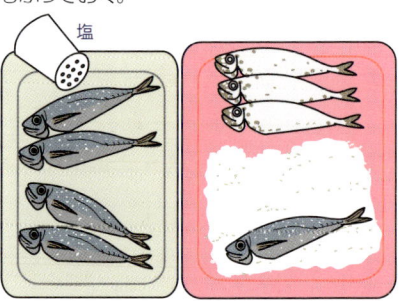

小アジの南蛮漬け

③ 漬け汁をつくる
Aを鍋にかけ、弱火でひと煮立ちさせる。

酢　しょうゆ　水

④ 揚げる
フライパンに約1cmほどサラダ油を注ぎ入れ、おおよそ180℃にまで熱する。温度の目安は、菜箸を使う。勢いよく泡がはし先から出れば適温。中火にし、アジがこんがりするまで揚げる。

⑤ 揚げ方のコツ
高温で揚げるのは身割れを防ぐため。その際の油のハネは、小麦粉が押えてくれる。

⑥ 漬け汁に入れるときのコツ
揚がったそばから順につけていく。これは味をよく浸透させるため。

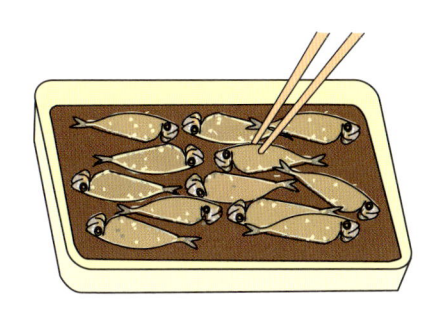

⑦ B（お好み野菜）
トウガラシはみじん切りに。それ以外の野菜は千切りにする。

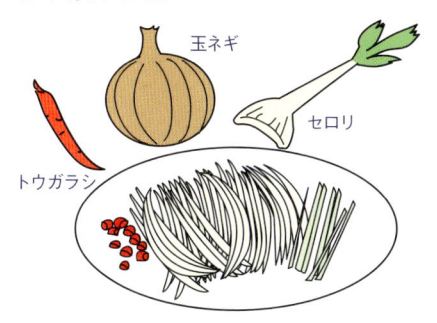

玉ネギ　セロリ　トウガラシ

⑧ （お好み野菜）を入れる
余熱も作用して、Bがしんなりしたら完成。

PART 2　初級編　まずは、青背の魚のレシピからはじめよう

アジ
から揚げからの
バリエーション
②

豆アジの姿揚げ煮

南蛮漬けよりもかんたん！　でもおいしいよ。

🕐 所要時間：**30分程度**
※所要時間に一度塩作業は含まれない

🏠 道具：**フライパン、鍋**

💬 材料（1人〜2人分）　●下ごしらえP.34参照
・アジ …………… 豆アジと呼ばれる小さいもの5尾
　　　　　　　　　（エラとワタを取ったもの）
・塩 ……………… 少々
・サラダ油 ……… 適量（フライパンの大きさに合わせて）
・小麦粉 ………… 適量　　・酢 ……… ½カップ
● A（漬け汁）・しょうゆ …… ¼カップ
　　　　　　　・水 …………… ¼カップ
　　　　　　　・酒 …………… ½カップ
　　　　　　　・砂糖 ………… 大さじ1

❶ 下ごしらえとワンポイント

南蛮漬けと同じ下ごしらえをし(P.34)、小麦粉をまぶす。ビニール袋を使うと、アジの表面にまんべんなく、しかも薄く小麦粉をまぶせられるよ。

❷ 揚げる

フライパンにサラダ油を注ぎ入れ、おおよそ180℃でアジがこんがりするまで揚げる。

❸ 酢で煮る

鍋に酢を入れ、❷の豆アジを入れてから約10分程度煮る。

❹ 捨てる

時間が経過したら、酢は捨てる。

❺ 仕上げ

同じ鍋に今度はA（漬け汁）を入れ、グツグツいうまでは強火で。その後は弱火にして約10分程度煮て完成。

しょうゆ　　　　水
　　　　酒

アジの胡椒揚げ

アジから揚げからのバリエーション ③

つれたアジの大きさに関係なく、楽しめるレシピ。

所要時間：15分程度
※所要時間に一度塩作業は含まれない

道具：包丁、フライパン

材料（1人分） 三枚おろし(P.26)

- アジ………大きいもの2尾
  （三枚におろしたもの）
- 塩…………少々
- サラダ油……適量（フライパンの大きさに合わせて）
- 長ネギ………½本
- コショウと小麦粉……1：3の割合にする

❶ 下ごしらえ
一度塩作業(P.31)のあと、アジは三枚におろす。コショウと小麦粉は1：3の割合でまぜておく。

❷ 炒める
長ネギはみじん切りにし、芳ばしい香りが立つまで炒める。焦がさないこと。

❸ カット
キッチンペーパーで水気をしっかりと取り、塩をふる。1：3のコショウと小麦粉にそれを入れてまぶす。まぶすのに、ビニール袋を使ってもよい。

❹ 揚げる
❸を揚げる。こまめに引っくり返すと揚げ時間は短縮できる。こんがりキツネ色になったら完成。

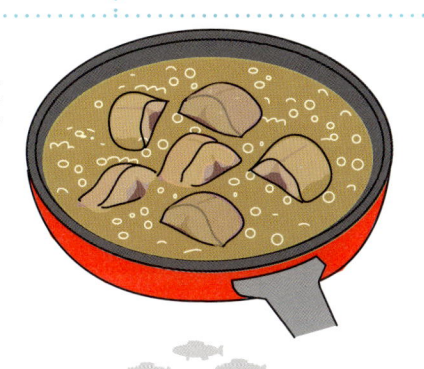

PART 2 初級編 まずは、青背の魚のレシピからはじめよう

Variation

◆フライ◆

フライは「汚れるから」と敬遠されがちですが、後片付けがとてもラクなフライもあるのです。

アジ
サクサク、ふっくら アジフライ

アジフライ
子ども大人も喜ぶ、かんたん定番アジフライ。

- 所要時間：**15分程度**
  ※所要時間に一度塩作業は含まれない
- 道具：**包丁、フライパン**
- 材料（1人分） 背開き（P.28）

- アジ ……………2尾（背開きにする）
- 塩、コショウ …少々　・小麦粉 ………大さじ2
- サラダ油 ………適宜　・溶きタマゴ …1個
  　　　　　　　　　　・パン粉 ………約30g

❶ 下ごしらえ
一度塩作業（P.31）後、背開きにし、アジの両面に塩・コショウをする。

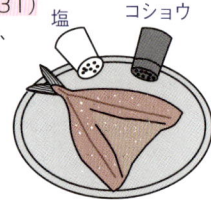

❷ 衣
小麦粉→タマゴ→パン粉、の順につけていき、衣を完成させる。

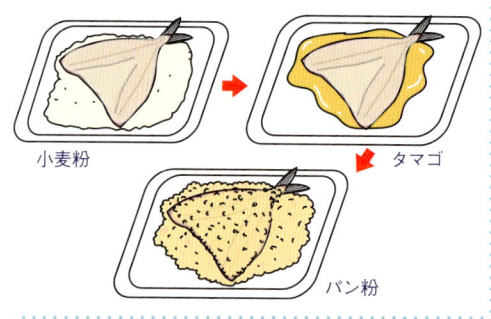

小麦粉　タマゴ　パン粉

❸ 油量を決める
サラダ油は衣の付いたアジが完全にヒタヒタにならなくてもいい。少なければ少ないほど汚れず後片付けもラク。

❹ 揚げる
油の温度は170℃。中火でこんがりと揚げる。衣の縁がキツネ色になったら、引っくり返すタイミングの合図。

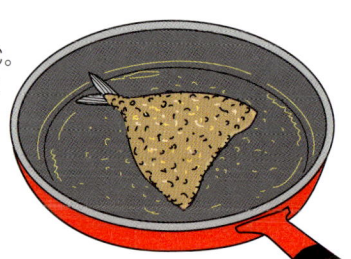

ワンポイント　衣をつけたら、すぐに揚げること。外はサクサクに、なかはふっくら仕上がりますよ。

アジフライ／アジの梅しそはさみフライ

アジ フライからの バリエーション ①

アジの梅しそはさみフライ

青背の魚と梅の愛称はバツグン！
夏の定番レシピ。

🕐 所要時間：**20分程度**
※所要時間に一度塩作業は含まれない

🍳 道具：**包丁、フライパン、ボウル**

🐟 材料（1人分） 腹開き(P.28)

- アジ ············· 2尾（腹開きにする）
- 塩、コショウ ········ 少々
- 練り梅 ············ 小さじ3～4
- 青ジソ葉 ·········· 4枚
- 揚げ油 ············ 適宜
- パン粉 ············ 約20g
- 天ぷら粉 ·········· 大さじ6
- 水 ··············· 大さじ4

❶ 下ごしらえから具をつめる

一度塩作業(P.31)の後、腹開きにし、アジに塩・コショウをする。腹開きにした中にまず青じそを2枚はさむ。それから練り梅の半分をぬって身は閉じる。

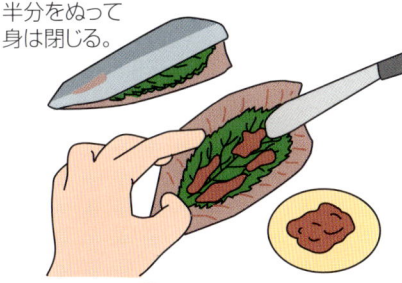

調理のコツ！
アジから青じそははみ出ないようにする。

❷ 天ぷら粉

天ぷら粉＋水にアジをくぐらせる。天ぷら粉は冷水で作り、多少粉っぽさがあってもかまわないので、さっくりと混ぜる。ネトネトさせない。

❸ パン粉

❷をパン粉につける。くれぐれも押えつけないこと。揚げたときに硬くなってしまう。

❹ 揚げる

フライパンに揚げ油を入れ、170℃で約5～6分揚げる。油をよくきったら完成。

梅ってすっぱいナァ!!

PART 2　初級編　まずは、青背の魚のレシピからはじめよう

アジ フライからのバリエーション ②

アジのイタリアンフライ

カリカリに焼いたフランスパンにのせて食べてもうまいよ。

🕐 所要時間：25分程度
※所要時間に一度塩作業は含まれない

🧰 道具：**包丁、フライパン、鍋**

💬 材料（1人分）　三枚おろし(P.26)

- アジ ………… 2尾（三枚おろしにする）
- 塩、コショウ… 少々
- サラダ油 …… 適宜
- バジルの葉 … 4枚（好み）
- 小麦粉 ……… 大さじ1
- 溶きタマゴ … 1個
- パン粉 ……… ½カップ
- 粉チーズ …… 50g

● Aソース
- トマト …… 1個
- ニンニク … 1片
- パセリ …… 適宜（できれば生のもの）
- オリーブオイル … 大さじ2

❶ Aソースを作る

鍋にオリーブオイルを入れ、つぶしたニンニクを炒める。ニンニクの色が変わってきたら焦がさないためにもすぐにトマトとパセリを加える。塩で味をととのえる。

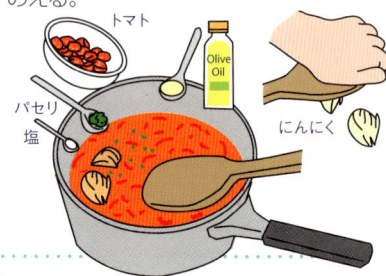

❷ 下ごしらえ

一度塩作業(P.31)後、三枚におろし、アジに塩・コショウをする。それに小麦粉→溶いたタマゴをつける。

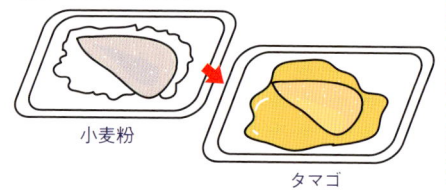

❸ パン粉

粉チーズとパン粉を混ぜる。それを❷の表面にまぶす。

❹ 揚げる

サラダ油を熱し、❸を揚げる。

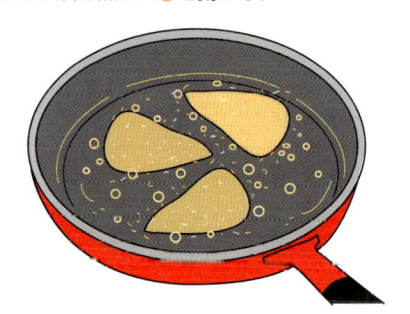

❺ ソース

揚げたものを皿にのせ、Aをかけて完成。バジルの葉をのせるとさらにイタリアンに。

アジのトースターフライ焼き

アジフライからのバリエーション③

オーブントースターで、一度に両面を焼き上げる。

⏱ 所要時間：**10分程度**
※所要時間に一度塩作業は含まれない

🍳 道具：**包丁、オーブントースター、ボウル**

🐟 材料（1人分） 三枚おろし(P.26)

- アジ ……………… 2尾（三枚おろしにする）
- 塩、コショウ …… 少々

●Aソース
- パセリ …………… 適宜（できれば生のもの）
- オリーブオイル … 大さじ1
- パン粉 …………… ½カップ
- ニンニク ………… 1片
- 塩、コショウ …… 少々

❶ 下ごしらえ
一度塩の作業後(P.31)、三枚におろしたアジに塩・コショウをする。

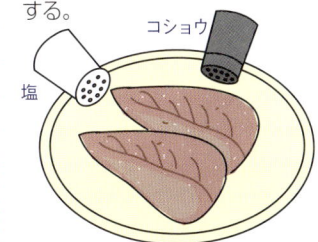

❷ 衣
変わりダネの衣を作る。パセリとニンニクを好みで分量は変えてかまわない。

❸ トースター
トースターの下皿にクッキングシートを敷く。**くれぐれも大きすぎないこと。**

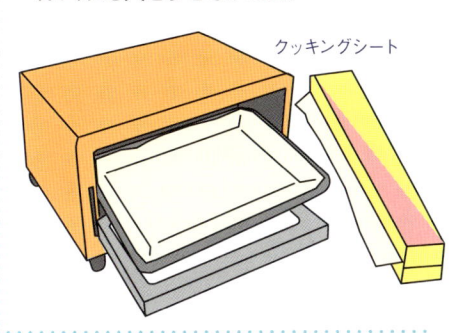

❹ 焼く
事前にトースターは温めておく。魚は皮面を下にして並べ、その上にAをふりかけて焼く。焼き時間は6〜7分を目安に。

ワンポイント　下面が焼き上がる前に、上面がこげてしまいそうなときは、アルミホイルをかぶせるよ。

PART 2　初級編　まずは、青背の魚のレシピからはじめよう

アジ
フライからのバリエーション ④

アジの揚げないハーブフライ

衣が油を吸わないため、とてもヘルシーなフライ!?

所要時間：10分程度
※所要時間に一度塩作業は含まれない

道具：包丁、フライパン、鍋

材料（1人分） 三枚おろし(P.26)

- アジ ……………… 2尾（三枚おろしにする）
- 塩、コショウ …… 少々
- 片栗粉 …………… 大さじ1
- サラダ油 ………… 適宜
- A
  - パセリ …… 大さじ1（できれば生のもの）
  - パプリカ … 小さじ2
  - パン粉 …… 大さじ4

炒ったパン粉はとても重宝するよ。例えば、ビニール袋に入れてアウトドアに持参すれば、BBQなどで焼いた肉や野菜をフライに早がわりできるよ

❶ 下ごしらえ
一度塩作業(P.31)をした後、三枚におろし、アジの両面に塩・コショウをし、片栗粉をまぶす。

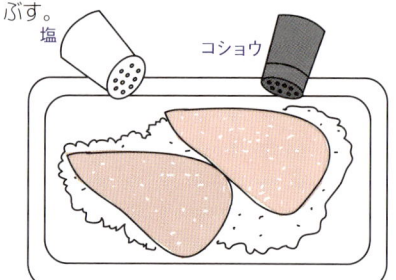

❷ A
フライパンでAを芳ばしくキツネ色に変わるまで炒る。

❸ 焼く
サラダ油で両面を焼く。

❹ 衣をまぶす
❸の表面にAをまぶしたら完成

アジの丼物

アジフライからのバリエーション⑤

アジの刺し身丼もいいけど、こちらも負けていないレシピ。

所要時間：30分程度
※所要時間に一度塩作業は含まれない

道具：包丁、フライパン、鍋

材料（1人分） 背開き(P.28)

- アジ ………… 2尾　背開き（内臓、中骨は取る）
- 塩 …………… 少々
- タマゴ ……… 1個
- サラダ油 …… 適宜
- ごはん ……… 適宜
- 小麦粉 ……… 大さじ3

●A
- カツオ節 …… ひとつかみ
- 酒 …………… 50cc
- しょうゆ …… 50cc
- 砂糖 ………… 大さじ½
- 水 …………… 1カップ

❶ 衣をつける

一度塩作業(P.31)をしたあと、背開きし、アジに軽く塩をふる。それに小麦粉をまぶし、溶いたタマゴにつける。

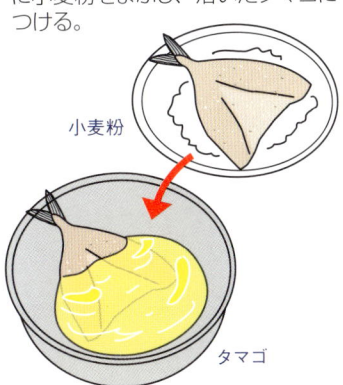

❷ ダシ作りA

鍋の水が沸騰したらカツオ節を入れ、約1分でカツオ節をこす。そこに調味料を入れ、弱火で煮る。

ワンポイント　小麦粉→卵の作業を2回行います。後で衣にたっぷりと出し汁を吸ってもらうためです。

❸ 揚げる

❶を揚げる

❹ 仕上げ

揚げたそばからAに漬けていく。それをごはんにのせ、だし汁をふりかけたら完成。

PART 2　初級編　まずは、青背の魚のレシピからはじめよう

「イワシ」を食べよう！

マイワシ

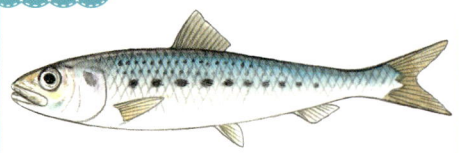

★食べて体にうれしい情報
EPA（ガン細胞の増殖を抑えたり、中性脂肪の低下に効果）とDHA（老化や動脈硬化を防ぎ、脳細胞を活性）が豊富。またビタミンB群（疲労回復や貧血防止、美肌効果など）たくさん含まれる。

- 和名＝真鰯　●ニシン目ニシン科
  黒い斑点が並ぶ。体長は20cmぐらいにまでなる。
- 日常習性
  上層を生活圏としている回遊魚で、大きな群れをつくって泳ぐ。大型魚にねらわれるので、身を守るために時計回りに旋回しながら群泳する習性がある。
- 主なフィールド
  船・防波堤
- 主な釣法
  ウキ（固定式）づり／コマセ（サビキ）づり

● 釣期

1	2	3	4	5	6	7	8	9	10	11	12
						★	★	★			

（・■=良い　■=最盛期　・★=旬）

● おいしい食べ方
- 塩焼き　・刺身
- から揚げ（フライ）など

Variation

◆ 蒲焼（かばや）き ◆

イワシのようなクセのある魚は、甘辛なたれに合わすと子どももおいしく食べられます。

イワシ 蒲焼き

イワシの蒲焼き

甘辛じょうゆでいただく蒲焼きは、昔からの人気レシピ。酒の肴にそしてご飯との愛称もバツグンなのです。

- 所要時間：15分程度
- 道具：包丁、フライパン、炊飯器、トレイ（あれば便利）

● 材料（1人分）
- イワシ………2尾（手開きしたもの）
  手開き（P.29）
- 小麦粉………大さじ2
- サラダ油……大さじ1

● A
- 塩……………少々
- 酒……………大さじ1
- ショウガ汁…小さじ1

● B（タレ）
- しょうゆ……大さじ1
- みりん………大さじ1
- ショウガ汁…小さじ1
- 砂糖…………大さじ½

イワシの蒲焼き／イワシの蒲焼き丼／イワシのイタリアン焼き

❶ 下ごしらえ
手開きしたイワシにAをふっておく。

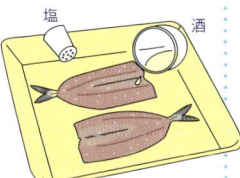

❷ 衣をつける
イワシから汁気が出ているときはふき取る。それに薄く小麦粉を両面にまぶす。

❸ 焼く
サラダ油を入れて中火で熱したら、皮面から焼く。イワシの縁がキツネ色になったら引っくり返す。

❹ 油の処理
両面色よく焼いたら一度、イワシを取り出す。そしてイワシからでた脂などをキッチンペーパーでふく。

❺ 炙り焼く
キレイにしたフライパンにBを入れ、中火で熱する。タレが沸々してきたらイワシを戻し、炙り焼きにして完成。

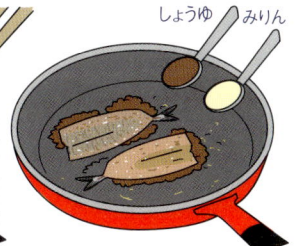

しょうゆ　みりん

イワシ蒲焼きからのバリエーション ①

イワシの蒲焼き丼
イワシの脂が良いアクセントになってるレシピ。

🐟 材料　・カイワレ大根 …… 適宜

イワシ蒲焼きからのバリエーション ②

イワシのイタリアン焼き
トマト＆タマネギですばやくイタリアンに変身。

🐟 材料　・玉ネギ ………… ¼個　・トマト ………… 150g

❶ ソースを作る
蒲焼きでの❹の後にBと材料（玉ネギとトマト）を入れる。

しょうゆ　みりん

❷ イワシを戻す
ソースの具材に火が通ったら、イワシを戻し、焦げない程度に炙り焼きをする。

45

PART 2 初級編 まずは、青背の魚のレシピからはじめよう

Variation

◆煮付け◆

イワシはたくさんつれる魚。酢や梅を使う煮付けを覚えれば、保存ができて重宝します。

イワシ 煮付け

イワシの煮付け

イワシを酢で煮ます。作りおきができてとても便利で、冷蔵庫なら2週間くらいもちます。

- 所要時間：30分程度
- 道具：包丁、鍋、ザル
- 材料（保存が効くためたくさん作れる）
  - イワシ … 1kg（頭を落として内臓もきれいに取ったもの）
  - 酢 ……… 適宜（鍋のなかのイワシがひたひたになる量）
- A
  - 酒 ………… 100cc
  - しょうゆ … 100cc〜150cc（味付けは好みで）
  - 砂糖 ……… 大さじ1〜2
  - カツオ節 …50g

❶ 下ごしらえ
イワシの皮ははがさないように注意しながら包丁の刃先でウロコを取る。頭を落とし、腹に斜めに包丁を入れて内臓を取り出す。流水で腹のなかを背骨に沿ってキレイに洗う。

❷ 酢で煮る
イワシが重ならないように鍋の底に並べ、酢をひたひたになるまで入れたら約10分ほど煮る。

酢

❸ 一度上げる
煮えたら、酢は捨ててしまう。

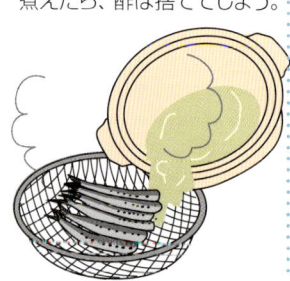

❹ 煮付ける
鍋にイワシを戻してAを入れ、今度は約20分煮付けていく。

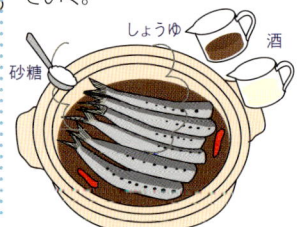

砂糖　しょうゆ　酒

❺ 完成
煮付けたら粗熱を取っておく。カツオ節をていねいにまぶしたら完成。

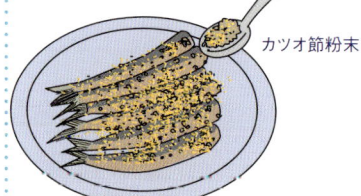

カツオ節粉末

イワシの梅煮

イワシ 煮付けの下ごしらえからのバリエーション①

梅干しの有機酸がイワシの骨を軟らかくしてくれます。

- 所要時間：**1時間程度**
- 道具：**包丁、鍋、ザル、ボウル**
- 材料（保存が効くためたくさん作れる）
  - イワシ …… 1kg（頭を落として内臓もきれいに取ったもの） 内臓の取り方(P.46)
  - **A**
    - 塩 ………… 大さじ2
    - 水 ………… 1ℓ
  - **B**
    - 酒 ………… 2/3カップ
    - しょうゆ … 2/3カップ
    - みりん …… 大さじ4
  - 梅干し ……… 大3個
  - ショウガ …… 1かけ

ワンポイント 煮る前に梅干しは、竹串などで穴をいくつかあけておきましょう。

❶ 身を締める
煮付けの❶（下ごしらえ）と同じ作業をしたものを、**A**に漬けて身を締める。約10分たったらザルに上げ、十分水気を切る。

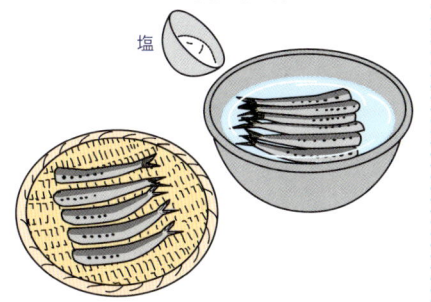

❷ 煮る
Bを強火で煮立てたら、イワシを入れる。再びグツグツしてきたら、梅干しとショウガを入れる。

❸ 落としぶた
落としぶたをし、火を弱くしてじっくり煮ていく。

❹ 煮つめる
煮汁が半分くらいになったら落としぶたを取り、汁をすくいかけながら煮つめていく。

PART 2　初級編　まずは、青背の魚のレシピからはじめよう

イワシ
煮付けの下ごしらえからのバリエーション ②

イワシの生姜煮

梅干しに負けていないのがショウガ。どちらもイワシとの愛称はバツグン。

- 所要時間：30分程度
- 道具：包丁、鍋
- 材料（2人分）　内臓の取り方（P.46）
  - イワシ……6尾（頭を落として内臓もきれいに取ったもの）
  - A
    - だし汁……1カップ
    - 酒……1/2カップ
    - しょうゆ……大さじ3
    - みりん……大さじ2
    - ショウガ……1かけ

① 下ごしらえ（1）
煮付けの❶（下ごしらえ）と同じ作業をしたものに、熱湯を注いで霜降りにする。

② 下ごしらえ（2）
残ったウロコなどの汚れを熱湯といっしょに流し捨てる。

③ 下ごしらえ（3）
さらに水にとってキレイにする。

④ 煮る
Aにショウガを入れて煮立てる。中火にし、イワシを入れて煮る。

⑤ 落としぶた
落としぶたをして煮汁をイワシの上面にも回す。煮上がったイワシは煮汁をかけてさらに味をなじませていく。

イワシ
煮付けの下ごしらえからのバリエーション ③

イワシのみそ煮

みそには、大豆がゴロゴロと残っている"田舎みそ"がいい。

- 所要時間：20分程度
- 道具：包丁、鍋、ボウル
- 材料（2人分）　内臓の取り方（P.46）
  - イワシ…6尾（頭を落として内臓もきれいに取ったもの）
  - A
    - 酒…………50cc
    - みそ………1カップ
    - 水…………50cc

① 一度煮
Aを混ぜておく。Aの半分をまず鍋に入れてイワシを煮る。

② 二度煮
イワシに火が通る頃合いを見て、Aの残り半分をイワシの上から注ぎ入れてひと煮立ちさせたら完成。

イワシのオリーブオイル煮

イワシ 煮付けの下ごしらえからのバリエーション ④

イワシの多才さに甘えてこんなレシピを考えてみました。

- 所要時間：15分程度
- 道具：包丁、フライパン
- 材料（1人分） 手開き（P.29）
  - イワシ ……………… 3尾
    （手開きしたもの）
  - オリーブオイル …… 大さじ3
  - 塩 …………………… 少々
  - 白ワイン …………… 大さじ1
  - ニンニク …………… 1かけ
  - パセリ ……………… 少々
    （できれば生のもの）

❶ 油に香味

フライパンにオリーブオイルを入れて中火で熱する。そこにニンニクを入れ、ニンニクの色が変わってきたら焦げる前にニンニクを取り出しておく。

❷ 煮る

イワシを入れて白ワインも加える。弱火でじっくり煮ていく。

❸ 完成

イワシの色が変わり熱が通ったらソースで味を確認。塩で味を調節したら火を止める。パセリを散らしたら完成。

イワシはつってすぐ食べるものと、保存用に調理するものとに分けておくと、レシピに幅が広がるよ。

PART 2　初級編　まずは、青背の魚のレシピからはじめよう

Variation

◆ 天ぷら ◆

青背の魚のなかで、天ぷらといえば、イワシに勝るものはいません。天つゆでもよいのですが、揚げたてのアツアツなら、シンプルに塩だけでいただきましょう。

イワシ　天ぷら

イワシの天ぷら

イワシの天ぷらをつくると、そこから料理のバリエーションはとても豊富。

- 所要時間：**15分程度**
- 道具：包丁、フライパン
- 材料（2人分）　手開き(P.29)
  ・イワシ ……… 6尾（手開きしたもの）
  ・小麦粉 ……… 1カップ
  ・タマゴ ……… 1個
  ・氷水 ………… 200cc
  ・揚げ油 ……… 適宜

ワンポイント
氷水に溶いた小麦粉は、やさしく割るように溶くこと。
プロみたく、太い箸を使うといいよ。

❶ 下ごしらえ
手開きにしたイワシはキレイに洗い中骨も取る。お腹の小骨も包丁ですき取っておくと、揚げたての食感は抜群によくなる。

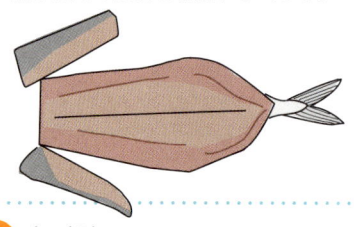

❷ 衣（1）
水気をしっかり取ったイワシの全体に小麦粉をまぶす。最後に余分な粉ははたいて落としておく。

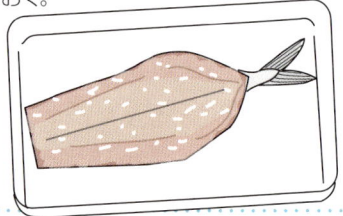

❸ 衣（2）
氷水で溶いた小麦粉にイワシを漬ける。

❹ 完成
油で揚げたイワシをキッチンペーパーにのせて油をきったら完成。

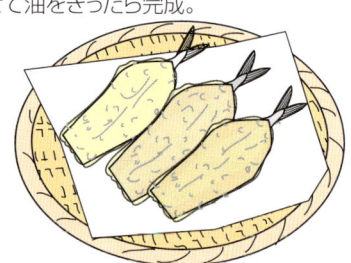

イワシの天ぷら／イワシのねぎ天丼

イワシ 天ぷらからのバリエーション
イワシのねぎ天丼

たくさんつれる魚だからこそその余ったときの一品。

所要時間：5分程度
（揚げ時間、炊飯の時間は除く）

道具：包丁、鍋、炊飯器

材料（2人分） 手開き(P.29)
- イワシ ………… 4尾(手開きしたもの)
- ネギ ………… 1本
- 白ごま ………… 少々
- **A**
  - 水 ………… 200cc
  - しょうゆ ………… 100cc
  - 酒 ………… 100cc
  - カツオ節 ………… 30g
  - 砂糖 ………… 大さじ2

① 前日の残り天ぷら
揚げた天ぷら。前日の残りでもかまわない。

② Aを作る
タレのAを作る。若干濃いめの方がイワシには合うかもしれない。

③ ネギ
温められたAにネギを入れて煮る。

④ 完成
あらかじめ揚がっていたイワシをご飯の上にのせ、その上からタレをかける。
ネギをいっしょに食べると食欲は増す。

ワンポイント
天ぷらは冷めていても、炊きたてのご飯と熱々のたれがあれば大丈夫。油っぽさも薄れるよ。

PART 2 初級編 まずは、青背の魚のレシピからはじめよう

「サバ」を食べよう！

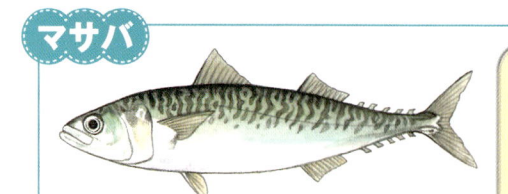

マサバ

- 和名＝真鯖
- スズキ目サバ科
背中に黒い波状の紋様が並ぶ。
- 日常習性
温帯性の魚で、日本では北海道以南の近海に分布している。群泳を好む回遊魚で、昼間は中・低層にいて、夜間は上層近くで泳ぐ。防波堤には幼魚の群れがよくやってくる。
- 主なフィールド
船・防波堤
- 主な釣法
ウキ（固定式）／コマセ（サビキ）づり／コマセ（胴突き）づり

★食べて体にうれしい情報
EPA（ガン細胞の増殖を抑えたり、中性脂肪の低下に効果）とDHA（老化や動脈硬化を防ぎ、脳細胞を活性）が豊富。特に血合い部分には、ビタミンやミネラルが多く含まれている。

- 釣期

1	2	3	4	5	6	7	8	9	10	11	12
★	★								★	★	★

（・■＝良い　■＝最盛期　・旬＝★）

- おいしい食べ方
  - 塩焼き
  - 煮つけ
  - 刺し身
  - から揚げ（フライ）など

Variation

◆ 塩焼き ◆

大きいものは切り身に、小さいものは半身を使って調理すると火加減もうまくいきます。

サバ 塩焼き　サバの塩焼き

サバもレシピの多い魚ですが、定番は塩焼き。

- 所要時間：**10分程度**
（三枚おろしや下ごしらえの時間は除く）
- 道具：包丁、グリル
- 材料（1人分）
  - サバ……切り身（ひと切れ）　三枚おろし（P.26）
  - 塩……小さじ1
  - 仕上げ　大根おろし……適宜
  　　　　　レモン（かぼす）……適宜

❶ 下ごしらえ（1）
三枚におろした身を三等分にし、それぞれに切れ目を入れる。

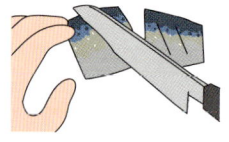

❷ 下ごしらえ（2）
塩を両面にまんべんなく振る。

52

サバの塩焼き／サバのガーリックオイル焼き

❸ 下ごしらえ (3)
冷蔵庫に30分ほど置く。すると水気が出てくるので拭き取っておく。

❹ 焼く
グリルで焼いていく。片面6分、もう片面を4分くらいを目安に。好みで大根おろしやレモン(かぼす)をかける。

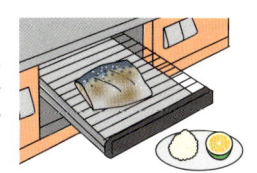

サバ 塩焼きからのバリエーション ① サバのガーリックオイル焼き

イタリアでも人気のサバ。どうりでオリーブオイルとよく合うはずです。

- 🕐 所要時間：15分程度
  （三枚おろしや下ごしらえの時間は除く）
- 🧰 道具：包丁、フライパン
- 💬 材料（1人分） 三枚おろし(P.26)
  - サバ ………… 切り身(ひと切れ)
  - 塩 …………… 小さじ1
  - コショウ …… 小さじ1
  - ニンニク …… 2片
  - オリーブオイル… 50cc
  - タイム(瓶入り)… 小さじ1
  - オレガノ(ビン入り)… 小さじ1
  - パセリ(生) ……… 大さじ1
  - トマト(中) ……… 1個

❶ 下ごしらえ
三枚におろした一枚に塩・コショウをして約30分ほどおく。

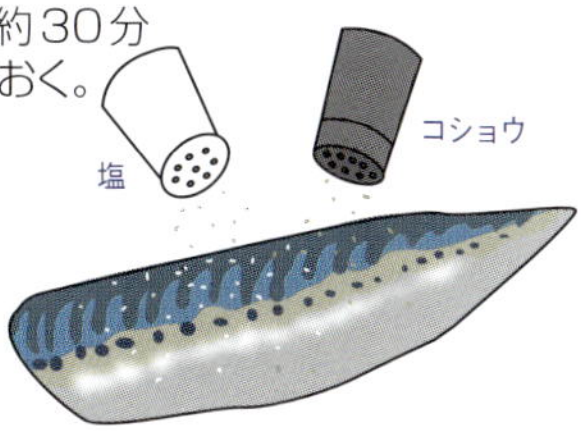

❷ ハーブを入れる
フライパンを熱したらオリーブオイルと荒みじん切りをしたニンニクを入れ、すぐにサバも一緒に焼いていく。

ワンポイント
サバをすぐに入れるのは、ニンニクだけでなく、オリーブオイルも焦がさないためだよ。

❸ ハーブを入れる
2分くらいたったら、パセリ、タイム、オレガノを入れる。

❹ トマトで完成
最後に角切りにしたトマトを入れ、2〜3分、煮つめるように焼いたら完成。

トマトを入れるタイミングは、サバに半分くらい火が通った(身の色が白くなる)とき。

PART 2　初級編　まずは、青背の魚のレシピからはじめよう

サバ
塩焼きからのバリエーション②

サバのバター香味焼き

バターでクセを押えて、香りある薬味でアクセントをつける。

- 🕐 所要時間：**15分程度**（三枚おろしや下ごしらえの時間は除く）
- 🔪 道具：包丁、フライパン
- 🐟 材料（1人分）　三枚おろし（P.26）
  - ・サバ ……… 切り身（ひと切れ）
  - ・バター …… 大さじ5（ソースが4、ソテー用が1）
  - ・サラダ油 … 適宜
  - ・塩 ………… 小さじ1
  - ●A　・コショウ ……… 小さじ2　・エシャロット … 大さじ1
  　　　・ニンニク ……… 1　　　　・パセリ（生）…… 大さじ2

> バターには、発酵バターと非発酵バターがある。日本では、アメリカと同様に非発酵バターが好んで使われている。

❶ ソース（1）

バターをクリーム状にする。少し常温においておいた方が作業はやりやすい。

❷ ソース（2）

❶にAを入れ、さらにかき混ぜていく。最後に味見しながら塩を加えて味を整える。

❸ 熱する

フライパンに油を入れて熱する。バターを入れたら、すぐにサバも入れて両面を焼いていく。最後に❷のソースを入れて焼いたら完成。

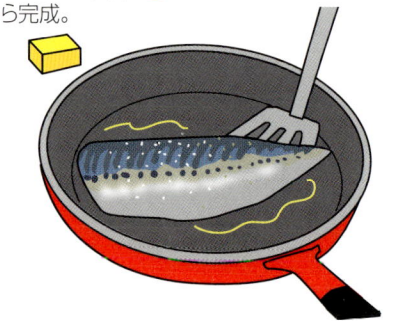

ワンポイント　バターと薬味を混ぜるときは泡立て器を使う。やさしくフンワリ仕上げる。ゴムベラなどは使わないこと。

サバのコチュジャン焼き

サバ　塩焼きからのバリエーション③

焼き上がりをサニーレタスで包んで食べれば、さらに本格気分を堪能。

- 🕐 所要時間：**10分程度**
  （三枚おろしや下ごしらえの時間は除く）
- 🍲 道具：包丁、オーブントースター、ボウル
- 🐟 材料（1人分）　三枚おろし(P.26)

- サバ …………… 切り身（ひと切れ）
- ●A
  - コチュジャン … 大さじ2
    （辛さの好みで量は決めていい）
  - しょうゆ ……… 大さじ1　・ニンニク ……… 1片
  - 砂糖 …………… 大さじ1　・長ネギ ………… 大さじ1
  - すりゴマ ……… 大さじ1　・ゴマ油 ………… 小さじ1

① オーブントースターの準備

あらかじめ、オーブントースターのトレイにクッキングシートを敷いて温めておく。

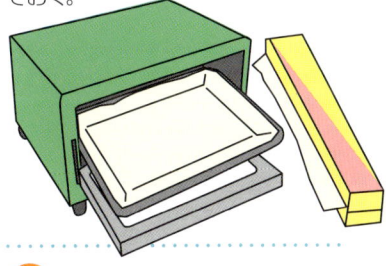

② タレ作り

ボウルにAを全て入れ、よくかき混ぜる。

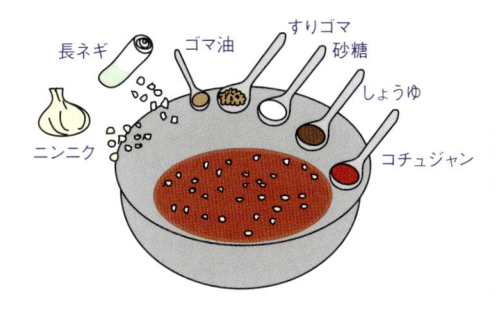

長ネギ　ゴマ油　すりゴマ　砂糖　しょうゆ　ニンニク　コチュジャン

③ A

下ごしらえから30分おき、水気を取った切り身をAに漬け込む。

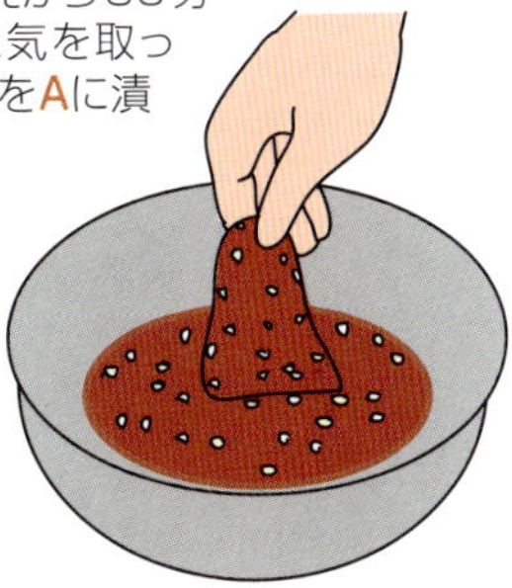

④ 焼く

トレイには皮面を下にして並べること。それを温めたオーブントースターに入れ、片面6～8分ずつ焼く。

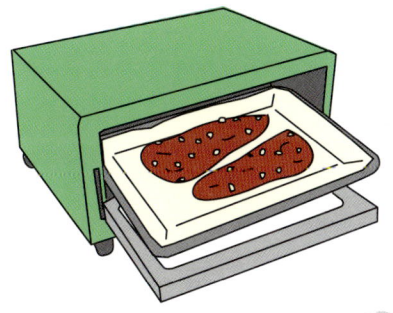

ワンポイント　クッキングシートは大き過ぎないこと。魚ののっていない部分が焦げるから注意。

PART 2　初級編　まずは、青背の魚のレシピからはじめよう

Variation

◆みそ煮◆

サバといえば、このレシピ。サバがたくさんつれたときは必ず作りたい1品。

サバ
みそ煮

サバのみそ煮

手順と最後のつめさえしっかりやれば、意外に簡単なレシピ。

- 所要時間：**15分程度**
  （三枚おろしや下ごしらえの時間は除く）
- 道具：**包丁、フライパン、ボウル**
- 材料（1人分）　三枚おろし(P.26)

・サバ ………… 切り身（ひと切れ）
・しょうゆ …… 大さじ1
・ショウガ …… 1片
A ・酒 …… 大さじ1
　　・水 …… 1½カップ
B ・みそ … 味噌、白味噌、それぞれ大さじ1
　　・砂糖 … 大さじ1
　　・みりん 大さじ1

❶ 洗う
熱湯をかけて湯引きする。表面の色が変わったらOK。水に取って血合いやウロコなどの汚れを爪楊枝などで除いておく。

❷ 煮る
フライパンに**A**を入れて沸騰させる。中火にし、そこに皮面を上にサバを入れる。

酒

サバのみそ煮

❸ アク取り
ひと煮立ちさせるとアクが浮いてくる。それをていねいに取る。

❹ みそダレを作る
ていねいにアク取りした煮汁とBを混ぜてみそダレを作っておく。

煮汁　砂糖　みそ　みそだれ

❺ 煮つめる
❸にしょうゆと薄切りにしたショウガを入れ、煮汁が¼くらいになるまで煮つめる。

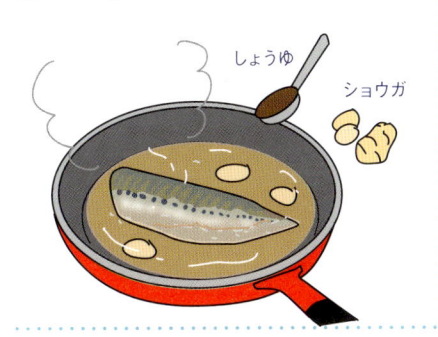

しょうゆ　ショウガ

❻ みそダレを入れる
みそダレを入れ、サバになじませるようにときどきすくってはサバにかけ、煮つめていく。火加減は中火のまま。煮汁がトロトロになったら完成。

ワンポイント　❷のときは、煮汁を沸騰させてから魚を入れること。これは生臭さが出る前に火を通すためです。

サバがたくさんつれたのですけど…何かおいしい食べ方ありますか。

それだったら、おかずにも晩酌にもあう、みそ煮がいいよ。

57

PART 2 初級編 まずは、青背の魚のレシピからはじめよう

サバ
煮ることからのバリエーション ①

サバのイタリアン煮

これは魚と肉のコラボレーションレシピ。

所要時間：20分程度
（三枚おろしや下ごしらえの時間は除く）

道具：包丁、フライパン、鍋

材料（1人分） 三枚おろし(P.26)

- サバ ……………… 切り身（ひと切れ）
- 小麦粉 …………… 適宜
- 塩 ………………… 少々
- コショウ ………… 少々
- オリーブオイル … 大さじ4
- トマト（中）……… 1個

●A
- ベーコン …… 40g
- 玉ネギ …… 半個

●B
- 水 …………… 80cc
- 白ワイン …… 250cc
- ローリエ …… 1枚
- パセリ（生）… 大さじ1

❶ 焼く前の準備
三枚におろした半身を半分か三等分にする。それに塩・コショウをし、小麦粉にまぶす。

❷ 焼く
フライパンにオリーブオイル（大さじ2）を入れ、両面に香ばしい焼き色がつくまで焼く。そして取り出す。

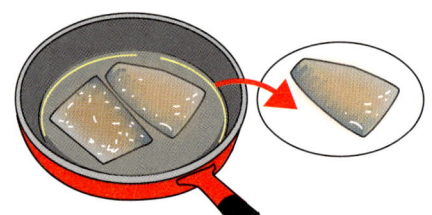

❸ スープベース（1）
鍋にオリーブオイルの残り（大さじ2）とAを入れて炒める。

❹ スープベース（2）
❸に今度はBを入れて煮ていく。

❺ 完成
4、5分たったら、トマト（ざく切り）を入れ、さらに10分ほど煮る。最後に塩・コショウで味を整えたら完成。

58

サバのイタリアン煮／サバの大根チゲ

サバの大根チゲ

サバ 煮ることからのバリエーション ②

奥深い辛さが食欲をそそる、夏の定番レシピ。

🕐 **所要時間：20分程度**
（三枚おろしや下ごしらえの時間は除く）

📦 **道具：包丁、鍋、ボウル**

🐟 **材料（1人分）** 三枚おろし(P.26)
- サバ………………切り身（ひと切れ）
- 大根………………100g
- **A**
  - みそ……………50g
  - おろしニンニク（チューブ入り）…大さじ1
  - しょうゆ………大さじ1
  - 粉トウガラシ…大さじ1
  - ショウガ………10g
  - トウガラシ……1〜3本
  - ゴマ油…………小さじ1
  - 水………………1カップ

❶ 煮汁を作る
ボウルに**A**を入れ、よく混ぜ合わせておく。

生トウガラシ／おろしニンニク／粉唐ガラシ／ショウガ／しょうゆ／みそ／水

ワンポイント 香辛料は刺激物なので、混ぜているときに目にはねないように注意！

❷ 煮る
鍋に**A**を入れてひと煮立ちさせる。弱火にし、大根から入れる。

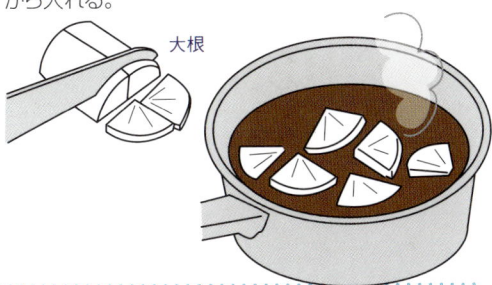

大根

❸ 落としぶた
サバを大根の上にのせるように入れたら落としぶたをする。15分くらいを目安に完成。

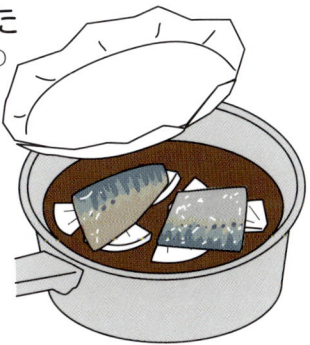

PART 2 初級編 まずは、青背の魚のレシピからはじめよう

Variation

◆ 竜田揚げ ◆

肉の竜田揚げは有名ですが、サバも負けていません。肉同様、子どもも気にいるでしょう。

サバ 竜田揚げ

サバの竜田揚げ

青背のなかでも脂が多いため、サバは揚げ物に向いています。

所要時間：15分程度
（三枚おろしや漬け時間は除く）

道具：包丁、フライパン、ボウル、ビニール袋

材料（1人分） 三枚おろし(P.26)
・サバ …………… 切り身
　　　　　　　　（ひと切れ）
・片栗粉 ………… 大さじ4
・サラダ油 ……… 適宜

●A
・しょうゆ …… 大さじ1
・みりん ……… 大さじ1
・ショウガ汁 … 小さじ2

① 漬けタレを合わせる
ボウル（小）にAをあけ、よく混ぜておく。

（しょうゆ／ショウガの絞り汁／みりん）

② 漬ける
ビニール袋にAとサバ（4等分）を入れ、約30分おいておく。身割れの危険があるため、もみ込む必要はない。

30分漬ける

カルシウムたっぷり！ 中骨で作る骨せんべい!?

所要時間：15分程度
（三枚おろしの作業時間は入らない）

道具：包丁、フライパン

材料（1人分） 三枚おろし(P.26)
・サバ、アジ、イワシなど …三枚におろした中骨部分
・塩 …………… 適宜　・コショウ …… 適宜
・サラダ油 …… 適宜

① 魚をおろす
三枚におろしたうちの半身と中骨。だしを取るか、または捨てていた中骨が今回の主役。

（中骨／半身）

② 1回目の揚げ
油を低温（約160℃）に熱したら、中骨を揚げる。揚げ時間は、6、7分。

中温6、7分

サバの竜田揚げ

❸ 衣
ボウル(大)にあける前にサバは漬け汁をよくきっておく。ボウルに沈殿させた片栗粉を両面によくまぶしたら、最後に残りの片栗粉(大さじ1)を薄くまぶす。

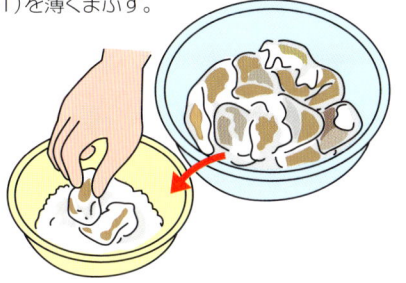

ワンポイント ボウル(大)の片栗粉(大さじ3)は沈殿させて使う。沈殿片栗粉をつけた後に粉の片栗粉をまぶしても、さらりとして粉っぽくならない。沈殿後の水は捨てる。

❹ 揚げる
フライパンの底全体にいきわたるくらいサラダ油を入れる。中火で熱したらサバを入れ、両面を返してこんがりと揚げ、油をよくきったら完成。

ワンポイント サバはもともと脂肪の多い魚。少量の油で調理。この方がサバのうま味もたくさん油に染み出すよ。

❸ 冷ます
❷で揚げ色がついたら、一度油からあげる。このとき、十分に冷やすことが大切。

❹ 2回目の揚げ
❸を再び揚げる。油の温度は、今度は高温(180℃)で揚げることがコツ。揚げ時間は3分くらいを目安に。

高温3分

❺ 2回目の揚げ
揚がったら、熱いうちに塩・コショウして、完成。

コショウ　塩

できれば、子どもが小さいうちから食べさせよう。骨密度がアップして元気モリモリだよ。

PART 2 初級編 まずは、青背の魚のレシピからはじめよう

サバ
竜田揚げからのバリエーション ①

サバの揚げみぞれ煮

大根おろしでさっぱりと煮付ける。

- **所要時間：20分程度**
  （3枚おろしや下ごしらえの時間は除く）
- **道具：包丁、フライパン、鍋、ザル、おろし器**
- **材料（1人分）** 三枚おろし（P.26）

- サバ ……… 半身（ひと切れ）
- 大根 ……… 300g
- シイタケ …… 6枚
- 小麦粉 …… 適宜
- サラダ油 … 適宜

●A
- しょうゆ … 30cc
- 酒 ………… 50cc
- 水 ………… 100cc
- 砂糖 ……… 大さじ1
- みりん …… 大さじ1
- 酢 ………… 大さじ½

❶ 下ごしらえ
半身をさらに四等分にし、下ごしらえをしておく。そのあとに、P.60〜61の要領でサバを揚げる。

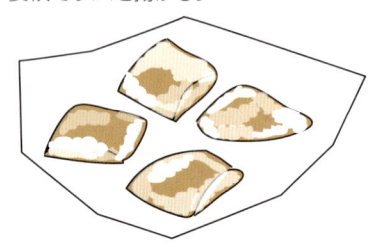

❷ シイタケを焼く
シイタケは石付きを切って取り除いてから焼く。グリルでもかまわないが、直火の網焼きの方が焼き上がりははるかに香ばしい。

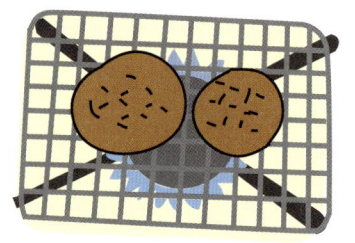

❸ 大根をおろす
大根は皮をむいてからおろす。ザルにあけている時間はジャスト4分。それ以上おいておくと、せっかくの大根がパサパサになってしまう。

❹ 煮る(1)
鍋にAを入れて煮立ったら、小麦粉をまぶして揚げたサバとシイタケを入れ、6〜8分煮る。

❺ 煮る(2)
さらに大根おろしを入れ、2、3分火をとおしたら完成。

サバの揚げみぞれ煮／サバの揚げびたし

サバ 竜田揚げからのバリエーション ②

サバの揚げびたし

揚げびたしの苦手の人にも大根おろしが利く。

🕐 **所要時間：20分程度**
（3枚おろしや下ごしらえの時間は除く）

🍳 **道具：包丁、フライパン、鍋、ザル、おろし器**

🐟 **材料（1人分）** 三枚おろし（P.26）

- サバ ………… 切り身（ひと切れ）
- 大根 ………… 200g
- ナス ………… 2本
- シシトウ …… 8本
- 小麦粉 ……… 適宜
- サラダ油 …… 適宜

A
- 水 ………… 200cc
- カツオ節 … ひとつかみ
- しょうゆ … 20cc
- 酒 ………… 50cc
- 砂糖 ……… 大さじ1

❶ だし汁

鍋にAを入れて火にかける。だしが取れたら、カツオ節はザルなどでこしておく。

❷ それぞれを揚げる

ナスとシシトウはそれぞれ別々に揚げること。揚げた後は、紙にのせて余分な油分はきっておく。サバは切れ目を二か所くらい入れ、小麦粉をまぶして揚げる。

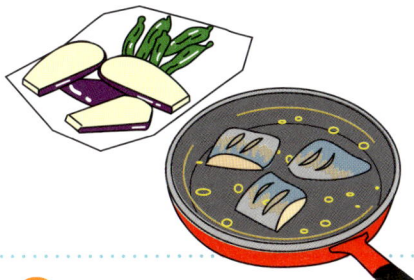

❸ 盛り付け（1）

丼（深めの器）にサバ、ナス、シシトウの順番で盛り付けていく。そこへ熱々のだし汁を注ぐ。

❹ 盛り付け（2）

大根おろしをのせて、残しておいただし汁を上からかけて完成。

PART 2　初級編　まずは、青背の魚のレシピからはじめよう　　　　サバの玉ネギサラダ

サバの玉ネギサラダ

サバ 竜田揚げからのバリエーション ③

新玉ネギの季節には、ぜひ作っておきたい一品。

- 所要時間：20分程度
  （三枚おろしや玉ねぎの下ごしらえの時間は除く）
- 道具：包丁、フライパン、ザル、ボウル
- 材料（1人分）　三枚おろし(P.26)
  - サバ ……………… 切り身（ひと切れ）
  - 玉ネギ …………… 1個
  - トウガラシ ……… 1本
  - オリーブの実 …… 4個
  - サラダ油 ………… 適宜
  - **A**
    - だしの素 ……… 小さじ1
    - 酢 ……………… 大さじ2
    - 塩 ……………… 小さじ1
    - オリーブオイル … 大さじ2
    - 砂糖 …………… ひとつまみ
    - しょうゆ ……… 大さじ1

❶ 玉ネギ
玉ネギをスライスする。半分に切ってからだとやりやすい。新玉ネギはそのまま。それ以外は水にさらす。

❷ ドレッシング
ボウルにAを入れてよく混ぜ合わせる。そこに❶を入れ、冷蔵庫で約30分寝かせる。

❸ 揚げる
切り身に塩・コショウをしたサバを揚げる。揚がったら、身を荒くほぐしておく。

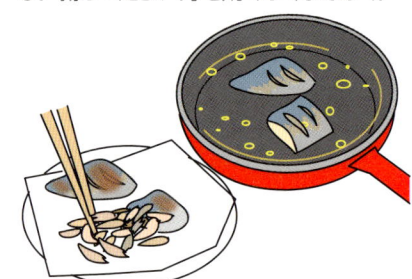

❹ 完成
❷と❸を混ぜ合わせ、最後に刻んだトウガラシとスライスしたオリーブの実を散らしたら完成。

中級編

PART 3
缶詰類&海産物
を使ったレシピ

実は魚料理は時短料理！?
意外かもしれませんが、肉に比べ、火の通りは抜群に早いのです。
それに既製品のソースやうま味の海産物を合わせると、
時短は加速して、パワーアップ！

PART 3 中級編 缶詰類&海産物を使ったレシピ

バリエーションもさらに広がる
早ワザ！ 本格料理（時短料理）の頼もしい味方

　最近、よく耳にする時短料理。それぞれに意味合いは違うようですが、ここでは、**おもいっきり手をぬいて、なおかつ最高においしいつり魚料理を作ること**を時短料理とします。活用するのは、まず缶詰類。特にソース類のものは、どれも本格的です。その他に使うのは**海産物**。魚以外のうま味成分を合わせることは、まさに時短料理の極みといえます。

時間をかけずに、もっとレシピの幅を広げたい！

たくさん魚がつれたのはいいけど…
「お刺し身」「焼き魚」「フライ」、新鮮な魚はとにかくおいしい！けれど、さすがに、この3パターンばかりでは、あきてしまう…しかも同じ種類の魚がたくさんつれることが多いので、なおさら違ったメニューも知っておきたいところ！

今日はアジばっかりいっぱいつれたよ。しばらくアジずくしのレシピになりそうだね…

アジだよ～

まあ、こんなにたくさん！嬉しいけど、お刺し身に、フライに…どうしようかな

1日目（刺し身）
2日目（塩焼き）
3日目（フライ）
4日目
5日目…

はい、フライができたよ…

お母さん、またアジのフライ？

アジフライが大好物な子どももさすがにあきてしまうかも…

缶詰類＆海産物活用であっという間にレシピも無限大！

缶詰類活用術

缶詰類を上手に活用すれば、レシピのバリエーションをいっきに広げることができる。しかも**短時間で、本格料理ができてしまう**ところがすごいところ！新鮮な魚だからこそ、既製品の缶詰類をつかっても十分おいしくできるのです！

- カレーフレーク缶（P.68）
- トマトソース缶（P.70～）
- ホワイトソース缶（P.76～）
- キムチ（P.80～）
- マヨネーズ（P.84～）

海産物活用術

つってきた魚だけで料理をしようとしがちですが、**他の魚介類や、海産物をつり魚に合わせて調理すれば、さらにうま味がプラスされ、おいしさも倍増！**大好評でパパの帰宅も早くなる！　この本に紹介しているのはほんの一例。好みのいろいろな海産物と合わせて料理してみよう。

- 練りウニ（P.86）
- 刻み昆布（P.87）
- アサリ類（P.88）

67

PART 3　中級編　缶詰類＆海産物を使ったレシピ

Variation
◆カレーフレーク缶◆

カレーフレーク缶が出てきてから、カレー料理はさらにお手軽に作れるようになりました。ペーストのように使い切る必要もなくなりました。

カレーフレーク缶

サバカレー

サバは食べやすい大きさにカットします。この食べやすい大きさによって、火の通りだけでなく、味がよくなじみます。激辛好みの人は唐がらしをプラスしてスパイシーに楽しみましょう。【この魚でもOK】アジ・カレイ・サンマ

🕐 所要時間：**15分程度**
🧰 道具：**包丁、フライパン、ボウル**
🐟 材料（2人分）
- サバ ……… 1尾（大）
- 塩 ………… 適宜
- サラダ油 … 大さじ2
- コショウ … 適宜
- 玉ネギ …… ½個
- だし汁 …… 1カップ

●A
- 小麦粉 ………………… 大さじ2
- カレー（粉）…………… 大さじ1

●B
- しょうゆ ……………… 大さじ1
- カレー（フレーク）…… 大さじ4
- ショウガ ……………… 1片（薄切り）

❶ 下ごしらえ
サバの頭と内臓を取ってから筒切りにする。内臓は箸などで、押し出すようにして、取り除く。

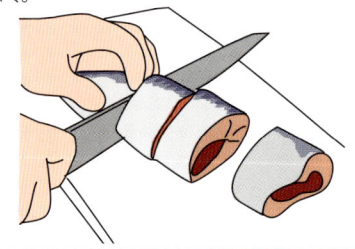

❷ 霜降り
ザルにサバを入れ、熱湯をかける。5秒くらいおいて霜降りにする。水の入ったボールにザルごと移し、軽く洗ったあとに水気をよく取っておく。

ワンポイント ❶　熱湯で霜降りにすると、臭みが取れますよ。

❸ 下味
塩・コショウをする。

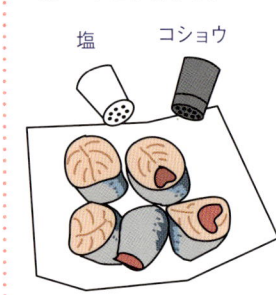

塩　コショウ

サバカレー

④ 味つけ
ボウルに移したサバにAのカレー粉と小麦粉をまぶしておく。

カレー粉
小麦粉

⑤ 焼く
フライパンにサラダ油を入れて中火にかける。熱くなってきたら、サバを入れて焼く。ただし、両面に焼き色が付く程度にする。色がついたら、いったん取り出す。

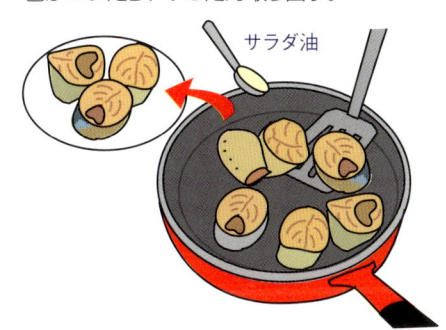

サラダ油

⑥ 煮る
一度、フライパンをペーパータオルなどでキレイにする。そこにだし汁と玉ネギを入れて中火で煮る。

だし
玉ネギ

⑦ 仕上げ
玉ネギがしんなりしてきたらBを入れて全体をなじませる。最後にサバを戻して4〜5分煮たら完成。

カレーペースト
しょうゆ
しょうがの薄切り

ワンポイント ②
トマトを加えるとそれだけでアジアンティストに早がわり。バリエーション豊かにしたいときにどうぞ。

他にうどんやそば、中華めんなどにかけてもおいしいよ。

完成

69

PART3 中級編 缶詰類＆海産物を使ったレシピ

Variation
◆トマトソース缶＆トマト水煮缶◆

両者の使い分けとしては、水煮缶の方はまったく味つけされていないので、自分好みの味つけを楽しみたい人やトマトの食感がほしい人は、こちらを選ぶとよいでしょう。

ソース缶＆水煮缶

イワシのトマトソースグリル

オーブントースターを使うから、後片づけはとてもラク。

【この魚でもOK】アジ・サバ・サンマ・ニジマス

- 所要時間：**15分程度**
- 道具：包丁、オーブントースター、耐熱容器
- 材料（2人分）　手開き(P.29)
  - イワシ ………… 2～3尾（手開きにする）
  - 塩 ……………… 適宜
  - コショウ ……… 適宜
  - **A**
    - トマトソース（缶づめ）… 160g
    - 白ワイン ………………… 大さじ2
    - バター …………………… 大さじ2
  - **B**
    - レモン … 輪切りまたは果汁
    - ハーブ … タイム、オレガノ、バジルなど

❶ 下ごしらえ
手開きにしたイワシに塩・コショウをして、10分程度置いておく。

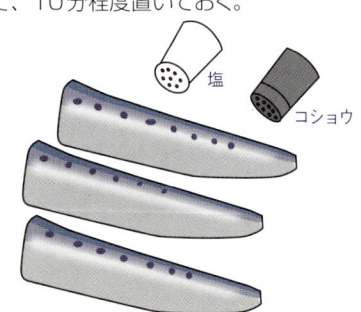

❷ レモンの輪切り
レモンを用意する。これで子どももイワシが食べやすくなる。

ワンポイント ❶
レモンを、なければレモン汁を加えると、魚のくせが和らぐだけでなく、さわやかな酸味がプラスされます。

調理のコツ！
イワシはたくさんつれる魚。つったその日に食べる新鮮なものは和食を中心に。冷凍したものは、このような料理に使おう。手開きにして塩をふったものは、1週間くらい冷凍保存できるよ。

イワシのトマトソースグリル

❸ 焼く前の準備

耐熱皿にイワシを並べる。このときにレモンをイワシの間にはさむように交互に並べていく。そこにトマトソースを入れていく。

レモンの輪切り
トマトソース

❹ 白ワイン

さらに白ワインをかけてクセを取る。子どもがいる場合は量をある程度加減する。

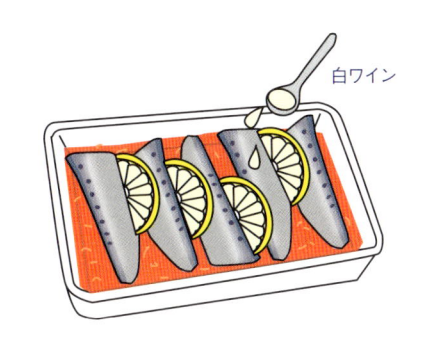

白ワイン

❺ 味つけ

バターは細かく切ってかたまらないように散らす。タイムは手でちぎった方がより香りが立つ。こちらもていねいに散らす。

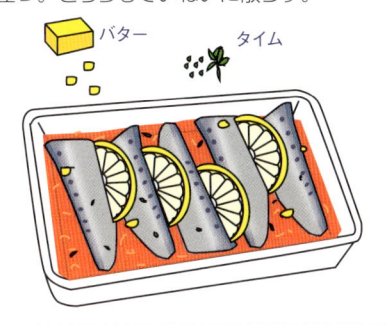

バター　タイム

❻ 焼く

あらかじめ温めておいたオーブントースターで焼く。7分程度を目安に焼き具合を確認する。

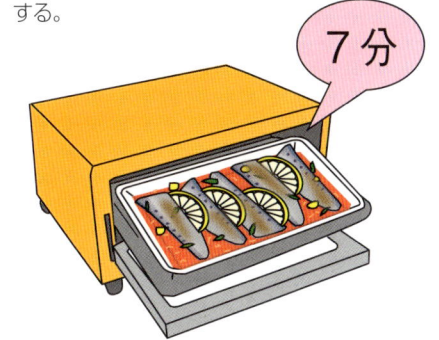

7分

ワンポイント ❷

少しぜいたく感を味わいたいときには、ハーブをプラスするとよいでしょう。ソースが缶詰なんてもはや思えないほど、グレードは上がってしまいます。

完成

チリソースや粉チーズをふると、また違った味が楽しめます。

PART 3　中級編　缶詰類＆海産物を使ったレシピ

イワシのトマトソースパスタ

ソース缶 & 水煮缶

カットトマト

アンチョビはちょっと苦手、という人におすすめの一品。
【この魚でもOK】アジ・サバ・サンマ・タコ

- 🕐 所要時間：30分程度
- 🍳 道具：包丁、フライパン、ボウル
- 🐟 材料（2人分）　手開き(P.29)
  - イワシ …………… 4尾（手開きにする）
  - サラダ油 ………… 適宜
  - ベルギーチコリ …… 適宜
  - コショウ ………… 少々
  - オリーブオイル …… 大さじ3
  - ●A
  - トマトの水煮（缶）… 1缶
  - トマトソース（缶）… ½缶
  - 玉ネギ …………… 1個
  - 塩 ………………… 小さじ1

\完成/

できた具とゆでたパスタを一度冷やして"冷製"パスタにすると、夏にうれしいレシピになります。

❶ 下ごしらえ
手開きしたイワシは、幅3cmくらいのそぎ切りにする。後の味つけを考えて塩は軽く振っておく。

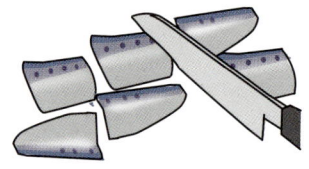

❷ 焼く
熱したフライパンにサラダ油を入れてイワシを焼く。

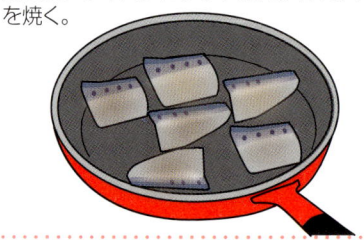

❸ ソースを作る
ボウルにAを入れてよくかき混ぜる。さらにそこへ❷を入れて、約30分おいて味をなじませる。

トマトソース　塩　イワシ　玉ネギ

30分置く

❹ パスタと合わせる
皿にパスタを盛り、そこへ❸をかける。オリーブオイルをかけ、コショウで味をしめたら完成。ベルギーチコリをつけ合わせる。冷製パスタにしても絶品。

コショウ　オリーブオイル　Olive Oil

ベルギーチコリ

イワシのトマトソースパスタ／サンマのトマト水煮

サンマのトマト水煮

ソース缶 & 水煮缶

サンマのクセも、トマトソースと合わせれば、ステキなイタリアンになります。【この魚でもOK】イワシ・サバ・タコ・イカ

- 所要時間：15分程度
- 道具：包丁、フライパン
- 材料（2人分） 筒切り（P.68）
  - サンマ ……………… 2尾（筒切りにする）
  - トマトソース（缶）… 160g
  - 塩 …………………… 少々
  - コショウ …………… 少々
  - オリーブオイル …… 大さじ2
  - 白ワイン …………… 大さじ3
  - パルメザンチーズ … 適宜
  - パセリ（生）………… 適宜

完成

ソースにサンマのうま味が加わって絶品。パンをひたしたり、パスタをからめて食べてもおいしい。

❶ 下ごしらえ
サンマは頭をおとして内臓を取り、よく水洗いする。それを筒切りにしたあと、塩・コショウをし、10分程度おいておく。

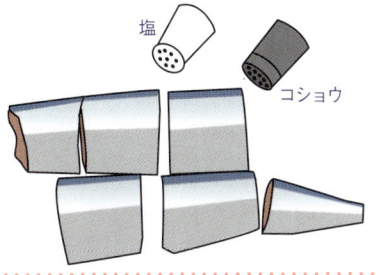

塩　コショウ

❷ 焼く
フライパンに火（中火）をつけたら、オリーブオイルとサンマを同時に入れる。油がフツフツとしてきたら、白ワインを入れる。

白ワイン　オリーブオイル

❸ 味つけ
❷の白ワインが半分くらいになるまで煮つめていく。煮つまったら、トマトソースを加える。

トマトソース

❹ 煮る
❸を4〜5分煮たら完成。皿に盛ったあと、粉チーズとパセリをお好みでかけて食べる。

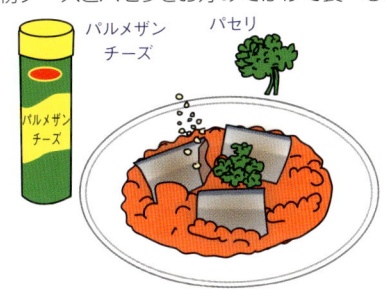

パルメザンチーズ　パセリ

PART 3 中級編 缶詰類＆海産物を使ったレシピ

ソース缶＆水煮缶

イワシのトマト水煮のチーズグラタン

イワシはニンニクといっしょに香ばしく焼くのがコツ。

【この魚でもOK】 サバ・サンマ・スズキ・ニジマス

- 所要時間：20分程度
- 道具：包丁、フライパン、オーブン
- 材料（2人分） 手開き(P.29)
  - イワシ……………4尾（手開きにする）
  - トマトの水煮缶……1缶（汁は捨てる）
  - 玉ネギ(小)…1個　　・白ワイン…………大さじ2
  - 塩…………少々　　・ニンニク…………1片
  - コショウ……少々　　・とろけるチーズ…100g
  - オリーブオイル…大さじ1　・パセリ（生）………適宜

\完成/

ニンニクの風味が食欲をそそる一品。洋食ですが、ご飯のおかずにもなります。

① 下ごしらえ

手開きにしたイワシはよく洗って水気を取る。4cm幅のそぎ切りにし、塩・コショウをふって10程度おいておく。

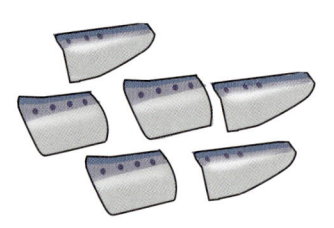

② 野菜をカット

トマトの水煮は缶から出して4等分にする。玉ネギは厚さ5mm、ニンニクは薄くそれぞれ切っておく。

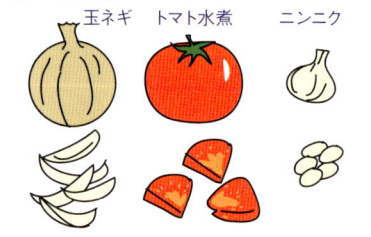

玉ネギ　トマト水煮　ニンニク

③ 焼く

フライパンを中火で熱する。オリーブオイルとニンニクを入れたら弱火にし、ニンニクを焦がさないようにしながら油に香りをつける。ニンニクの香りがついたらニンニクは取り出す。そこにイワシを入れ、今度は強火で両面を焼いていく。

白ワイン　ニンニク　オリーブオイル

④ オーブン

グラタン皿にイワシを並べ、その上にトマト、玉ネギの順に野菜をしき並べていく。さらに塩・コショウ、チーズ、パセリをのせる。200℃に温めたオーブンに入れる。加熱時間15～20分で完成。

15～20分

ピザ用チーズ　パセリ　塩　コショウ

イワシのトマト水煮のチーズグラタン／ソース缶&水煮缶でほうれん草のチーズ焼き

ソース缶&水煮缶でほうれん草のチーズ焼き

ほうれん草の甘さがチーズと魚によく合う料理。

【この魚でもOK】サバ・サンマ・スズキ・イワシ・ニジマス

- 所要時間：30分程度
- 道具：包丁、フライパン、オーブン
- 材料（2人分） 三枚おろし（P.26）
  - アジ ………… 2尾（三枚におろす）
  - トマトの水煮（缶）… ½缶（汁は捨てる）
  - 玉ネギ（中）…1個
  - 塩 …………少々
  - コショウ ……少々
  - オリーブオイル… 大さじ1
  - 白ワイン ……100cc
  - レモン汁 ………50cc
  - ニンニク ………1片
  - ホウレンソウ …300g
  - とろけるチーズ … 200g
  - バター ………… 大さじ3

完成

魚とトマトとホウレンソウ、これにチーズが合わさるレシピはまさに"鉄壁"。

① 下ごしらえ
三枚におろしたサバの半身は、幅3cmにそぎ切りにする。10分程度レモン汁に漬けた後、軽く焼き目がつくくらい火を通す。

② ソテー
ホウレンソウをさっと茹でる。フライパンにバターを入れたら、両手のなかでできつく絞って水気を取ったホウレンソウをコショウといっしょにソテーする。

バター
ゆでたホウレンソウ

③ 耐熱皿
耐熱皿にバターをぬる。その表面に小麦粉を軽くふりかけておく。

バター
小麦粉

④ 炒める
玉ネギもバターで炒めておく。食感を大切にしたいので、カットする厚さは7mm、火の通りも6分くらいにしておく。

玉ネギ　バター

⑤ 焼く
まず玉ネギを均等にしいたら、その上にサバをのせて白ワインを。さらにチーズ→ホウレンソウ→チーズと重ねる。250℃に温めておいたオーブンで約30分焼く。

玉ネギ　ピザ用チーズ　サバ
ホウレンソウ

調理のコツ！
具の重ねる回数を増やせばボリューム感は増えるよ。人数の集まるパーティにどうぞ。

PART 3　中級編　缶詰類&海産物を使ったレシピ

Variation
◆ ホワイトソース缶 ◆

トマト系缶詰に比べると、頼り度はかなり限定されてしまうのは事実。しかし、ホワイトソースを作るあの手間を考えれば、このソース缶の出現は、時短料理の革命といえます。

ホワイトソース缶

ニジマスとアスパラガスのホワイトグラタン

魚ぎらいの子どもでも、これならたくさん食べれちゃう。
【この魚でもOK】スズキ

- 所要時間：20分程度
- 道具：包丁、フライパン、オーブン
- 材料（1人分） 三枚おろし(P.26)

・ニジマス ……… 半身
　　　　　　　（30cm程度のものを三枚におろす）
・玉ネギ(小) …… 1個
・アスパラガス … 2本
・バター ………… 大さじ1
・塩 ……………… 少々
・コショウ ……… 少々
- A
・ホワイトソース(缶) … 150g
・生クリーム ……………… 大さじ2
・コンソメ顆粒 ………… 小さじ1
・砂糖 …………………… 少々

❶ 下ごしらえ
ニジマスは三枚におろした後、3等分くらいに切り分けておく。玉ネギも薄くスライスしておく。

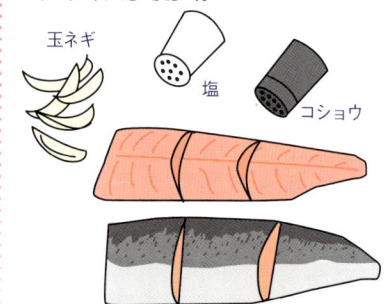

玉ネギ　塩　コショウ

❷ ソースを作る(1)
Aのうち、まずホワイトソースをよくかきまわしておく

ホワイトソース

❸ ソースを作る(2)
Aの残りを合わせてよくかき回す。

砂糖　生クリーム　スープの素

ワンポイント
ソースはサラっとが好みの人はそのままでOKですが、コクととろみを強めたい人は、生クリームをプラスします。

ニジマスとアスパラガスのホワイトグラタン

❹ 野菜から炒める

フライパンを中火で温めたら、アスパラガスと玉ネギをバターで軽く炒める。塩・コショウも忘れずに。このときバターは少し残しておく。

玉ネギ
バター
ミニアスパラガス

❺ ニジマスをソテー

炒めた野菜は取り出す。そこに残りのバターを溶かしてから、ニジマスを入れて焼く。

❻ 具とソースを合わせる

耐熱皿に野菜をしき、その上に焼いたニジマスを並べる。その上にAをかける。

❼ オーブントースター

事前に温めておいたオーブントースターで5〜6分焼いたら完成。

5〜6分

調理のコツ!

魚ぎらいな子どもでも、これだったら食べられますよ。どんどん作ってあげてください。

マッシュルームやコーンを入れてもおいしいですよ。もちろん缶づめでOK。

完成

PART 3 中級編 缶詰類＆海産物を使ったレシピ

ホワイトソース缶

プラス牛乳でかえられる クリーム煮とクリームスープ

ソースの濃さをかえるだけで、あっという間に2品完成。

【この魚でもOK】タイ、ニジマス

クリーム煮

- 🕐 所要時間：20分程度
- 🔪 道具：包丁、電子レンジ
- 🐟 材料（2人分） 三枚おろし(P.26)
  - ・スズキ ……………… 半身（三枚におろす）
  - **A**
    - ・白ワイン ……………… 大さじ1
    - ・塩 ……………………… 少々
    - ・コショウ ……………… 少々
  - **B**
    - ・ホワイトソース（缶）…… 160g
    - ・牛乳 …………………… ¼カップ
    - ・ミックスビーンズ（缶）… 100g

完成！

トロッ、が好みならソースを多めに。
サラッ、が好みな人は牛乳を多めに。

❶ 下ごしらえ
よく水気を取ったスズキは一口大に切り、**A**をかけておく。

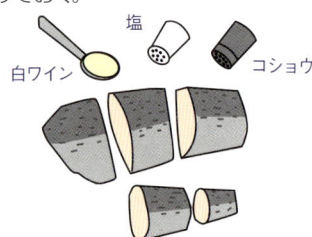

白ワイン　塩　コショウ

❷ 電子レンジ
耐熱皿にラップをし、電子レンジで加熱する。

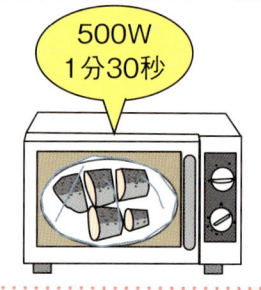

500W
1分30秒

❸ B1
鍋に**B**のうちホワイトソースと牛乳を入れて、ソース全体がなめらかになるようになじませていく。

ホワイトソース　牛乳

❹ B2
汁気をよくきったミックスビーンズを鍋に入れる。中火で煮る。焦がさないように気をつけること。

ミックスビーンズ

プラス牛乳でかえられる クリーム煮とクリームスープ

❺ 具を合わせる
煮立ったら、弱火にしてスズキを入れる。塩・コショウで味を整える。

❻ 完成
皿に盛りつけ、最後にパプリカをふって完成

クリームスープ

- 🕐 所要時間：20分程度
- 🧰 道具：包丁、鍋
- 🐟 材料（2人分） 三枚おろし(P.26)
  - スズキ………半身（三枚におろす）
  - ニンジン……50g
  - 玉ネギ………50g
  - セロリ………50g
  - バター………大さじ2
  - **A**
    - 白ワイン……………1/4カップ
    - 塩………………………少々
    - コショウ………………少々
  - **B**
    - ホワイトソース（缶）…160g
    - 牛乳……………………1カップ
    - コンソメ顆粒…………少々

完成！

❶ 下ごしらえ
よく水気を取ったスズキは一口大に切り、Aをかけておく。

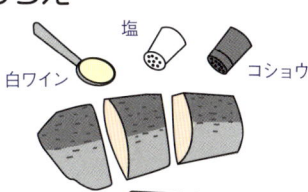

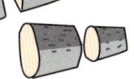

❷ 野菜を炒める
玉ネギ、セロリ、ニンジンは薄切りにする。フライパンにバターを溶かして切った野菜を炒める。

❸ Bを作る
鍋にBを入れて温める。

❹ 仕上げ
Aを使って下味をつけておいたスズキと炒めた野菜を鍋のスープに入れる。最後に塩・コショウで味を整えたら、完成。

PART3　中級編　缶詰類&海産物を使ったレシピ

Variation

◆ キムチ ◆

キムチは食べてよし！煮てよし！炒めてよし！とまさに三拍子そろった韓国の漬け物です。
つれた魚と合わせるだけで、調理がほぼ完了してしまう、まさに時短のための食材といえます。

キムチ　サンマとキムチの大根鍋

他の野菜は？ と疑問に思うかもしれません。しかし、ここはまず大根のみを存分に堪能してみてください。　【この魚でもOK】サバ・イワシ・アジ

- 所要時間：20分程度
- 道具：包丁、鍋
- 材料（2人分）筒切り（P.68）
  ・サンマ …………1尾（頭と内臓を取る）
  ・キムチ …………100g
  ・大根 ……………1/4本
  ・コチュジャン …大さじ1
  ・トウバンジャン …大さじ1
  ・唐がらし（粉）……小さじ1
  ・酒 ………………100cc
  ・しょうゆ ………大さじ1
  ・砂糖 ……………小さじ1
  ・シシトウ ………5本

❶ 下ごしらえ
筒切りにしたサンマは一口大に切り、軽く塩をふっておく。

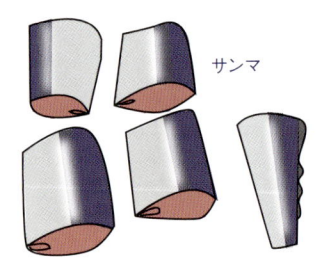

サンマ

❷ 大根
用意した土鍋の底に大根（半分の量）をしきつめる。大根の厚さは2mm程度が歯ざわりよく楽しめる。

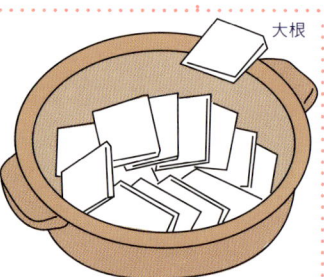

大根

ワンポイント　子どものいる家庭では、辛さの抑えたキムチを使ったり、トウバンジャンを入れないようにして、辛さをできるだけ弱くしてあげましょう。

❸ キムチ
大根の上にキムチ（半分の量）をのせる。

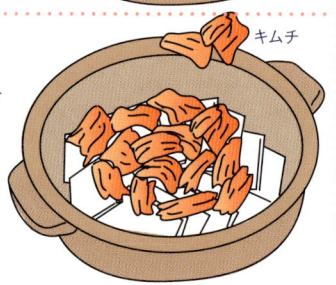

キムチ

サンマとキムチの大根鍋

④ サンマ
さらにその上にサンマをのせていく。

⑤ 香辛料
コチュジャンとトウガラシも用意した分量の半分をここで投入する。

⑥ 繰り返す
②〜④を繰り返して行う。

⑦ 味つけ
最後に残りのコチュジャンとトウガラシ、しょうゆ、酒、砂糖を入れて味を整えたら、火にかける。

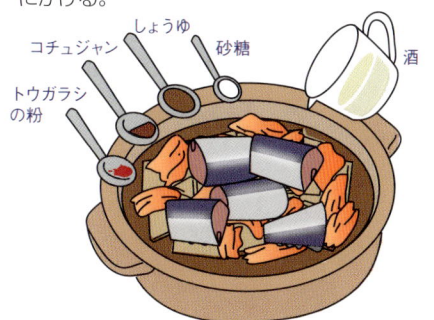

火の通りをみながら、最後にシシトウを入れたら完成。

完成！

調理のコツ！
最後のシメに、雑炊（卵とじ）やウドン、中華麺などを入れると2倍楽しめるよ。春雨なんかもおいしいね。

PART 3 中級編 缶詰類&海産物を使ったレシピ

キムチ サバのキムチご飯

つれた魚はサバを選びましたが、このレシピと他の魚介類との相性はバッチリ！【この魚でもOK】アジ・イワシ・サンマ・タイ・タコ

- 所要時間：**20分程度**
- 道具：包丁、フライパン
- 材料（2人分） 三枚おろし（P.26）

・サバ……………1尾（三枚におろす）	
・ご飯…………300g	・コショウ………少々
・キムチ………100g	・ショウガ………1片
・インゲン………10本	・サラダ油………大さじ1
・塩………少々	

●A
・コチュジャン…小さじ1	・酒………大さじ1
・トウバンジャン…小さじ1	・しょうゆ………大さじ1
・みりん………小さじ1	・砂糖………小さじ½

完成！

材料を選ばないレシピなので、調味料をアウトドアに持参しておけば、野外料理のバリエーションになります。

① サバを焼く
三枚におろした後、サバを焼く。焼いたサバは粗くほぐし、骨は取りのぞいておく。

② 材料を切る
キムチとインゲンは1cm角くらいの大きさにカット。Aをボウルにあけ、よく混ぜ合わせておく。

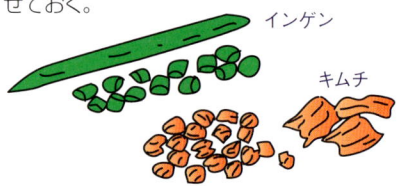

③ 炒める
フライパンにサラダ油入れてを中火で熱する。インゲンとキムチを炒め、あらかた熱が通ったら、Aを入れる。

④ 仕上げ
ご飯を加え、むらなく全体を炒める。米粒のひとつひとつにAが混ざったら、サバを入れ、最後に塩・コショウで味を整える。ショウガを散らしたら完成。

キムチ　スズキのキムチ春雨

子どもにも人気のレシピ。辛さが強いときは、キムチの量を加減してあげましょう。【この魚でもOK】アジ・サバ・カレイ

- 所要時間：20分程度
- 道具：包丁、鍋
- 材料（2人分）　三枚おろし(P.26)
  - スズキ …… 半身1枚（三枚におろす）
  - キムチ …… 150g（基本）　・万能ネギ … 2本
  - ハクサイ … 150g　　　　　・塩 ………… 少々
  - 春雨 ……… 40g
  - ●A
    - コチュジャン … 大さじ1
    - 酒 …………… 大さじ1
    - みそ ………… 小さじ1
    - ゴマ油 ……… 大さじ1
    - 砂糖 ………… 小さじ1
    - だし ………… ½カップ

① 下ごしらえ

スズキは塩を振ってから15分おいておき、出てきた水気はキレイにふき取ること。そのスズキを一口大にカット。キムチはつけ汁を絞り、ハクサイとともにざく切りに。万能ネギは4～5cmにする。

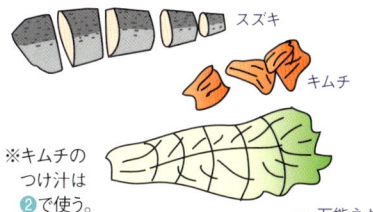

※キムチのつけ汁は❷で使う。

② タレを作る

ボウルにAをあけてよく混ぜる。これにキムチのつけ汁も入れる。

③ 春雨

春雨をハサミで5～6cmに切り、熱湯をかけてもどした後、ザルにあけて冷水にさらす。

④ 合わせる

耐熱皿に春雨、スズキ、ハクサイ、キムチ、万能ネギの順に入れ、最後にタレをかけ回す。

⑤ 完成

ラップをかけて、約8分ほど加熱したら完成。

8分

PART 3　中級編　缶詰類＆海産物を使ったレシピ

Variation

◆ マヨネーズ ◆

マヨネーズと聞けば、サラダが一般的ですが、熱を加えるとその味は一変！
立派なソースに早変わりします。

マヨネーズ　スズキの明太子マヨネーズ焼き

この黄金コンビは無敵です。魚ぎらいの子どもにぜひ！
【この魚でもOK】タイ

🕐 所要時間：10分程度
🧰 道具：包丁、電子レンジ
🐟 材料（2人分）　三枚おろし（P.26）
- スズキ ……………… 1尾（三枚におろす）
- A
  - 塩 ………………… 少々
  - コショウ ………… 少々
  - 酒 ………………… 大さじ1
- B
  - からし明太子 …… 40g
  - マヨネーズ ……… 大さじ3
  - みりん …………… 小さじ2
  - 酒 ………………… 大さじ1

① 下ごしらえ

三枚におろしたスズキは塩を振ってから15分おいておき、出てきた水気はキレイにふき取る。そのスズキを一口大にカットしたら、Aをふりかける。

② 電子レンジ

スズキを耐熱皿に入れてラップをしたら、電子レンジで加熱。500Wで1分30秒くらいでOK。

1分30秒

③ ソースを作る

からし明太子は皮を切ってほぐし、Bを混ぜ合わせる。加熱したスズキから水気が出るため、これもよくきっておく。

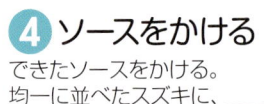

明太マヨネーズソース

④ ソースをかける

できたソースをかける。均一に並べたスズキに、ソースも均等にかけるのがコツ。

⑤ 完成

あらかじめ温めておいたオーブントースターに入れ、5～6分焼いたら、完成。

5～6分

スズキのみそマヨネーズ焼き

マヨネーズ

熱を通すと、どうしてもパサついてしまう魚がいます。そんなときは子どもも大好きなマヨネーズを使ってみてはいかが!?　【この魚でもOK】タイ・イサキ

- 🕐 所要時間：10分程度
- 🧰 道具：包丁、電子レンジ
- 💬 材料（2人分）　三枚おろし（P.26）
  - スズキ………半身（三枚におろす）
  - トマト（大）…1個　・塩………少々
  - ホウレンソウ…2束　・コショウ……少々
  - **A**
    - マヨネーズ…½カップ　・レモン汁……大さじ1
    - みそ………大さじ1　・酒…………小さじ1
    - ・しょうゆ……小さじ1

① 下ごしらえ
三枚におろしたスズキは塩を振ってから15分おいておき、出てきた水気はキレイにふき取る。そのスズキに塩・コショウをして下味をつけておく。

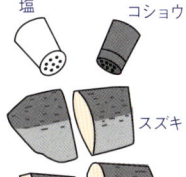

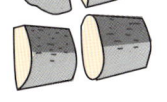

② ソース
Aを混ぜ合わせてソースを作っておく

③ ホウレンソウの下ごしらえ
ホウレンソウはよく洗ってから、手でにぎって水気をしぼっておく。葉と根を交互に並べてラップに包み、電子レンジ（500W）で加熱。さらに水気を絞って塩・コショウをする。

2〜3分

④ 素材を並べる
グラタン皿（耐熱皿）にトマトとホウレンソウを交互に見栄えよく並べる。このときのトマトは薄切りに。

⑤ 加熱
スズキにAをからませて④の上に並べる。電子レンジ（500W）で加熱したら完成。

ラップなしで5〜6分

> ホウレンソウを交互に並べるのは、均等に熱を通すためだよ。それとスズキにはたっぷりとソースをからませよう。加熱しても魚肉はパサつかずおいしくなるからね。

PART 3　中級編　缶詰類＆海産物を使ったレシピ

Variation

◆ 海産物 ◆

つれたときのうれしさからか、つり魚料理では、どうしても食材はつれた魚に限定しがちになります。しかし、他の海産物を調味料として合わせると、また違った味の世界が広がります。

海産物　サバのウニみそ焼き

焼いたときに広がる香ばしい磯の香りが食欲をそそります。酒の肴にもなる一品。【この魚でもOK】アジ・タイ・スズキ・ブリ

- 所要時間：20分程度
- 道具：包丁、グリル、ボウル
- 材料（2人分）　三枚おろし（P.26）
  ・サバ …………… 1尾（三枚におろす）
  ・万能ネギ ……… 4本
  - A ・うす口しょうゆ…大さじ1　・酒 ……… 大さじ1
  - B ・練りウニ ……… 大さじ5　・みりん … 小さじ2
      ・白みそ ………… 大さじ3　・酒 ……… 大さじ2

❶ 下ごしらえ
三枚におろしたサバは、中骨、腹骨を取り、塩を振ってから15分おく。出てきた水気はキレイにふき取り、中央から2つに切る。

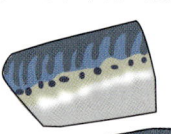

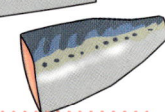

❷ 下味
皮を下にして並べたサバにAをふって約10分おいておく。

❸ タレを作る
ボウルにBを入れ、よく混ぜ合わせておく。

❹ 焼く
まずグリルは十分に温めておくこと。そこへ皮面を上にしたサバをのせ、約3分焼く。ひっくり返したら、さらに3分焼く。

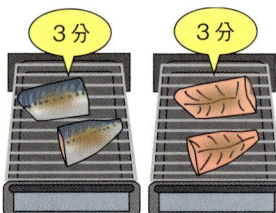

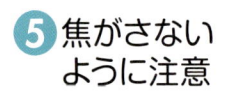

❺ 焦がさないように注意
ゴムベラなどを使い、Bをぬる。薄くぬった方が焦がさずに、香りを立たせることができる。

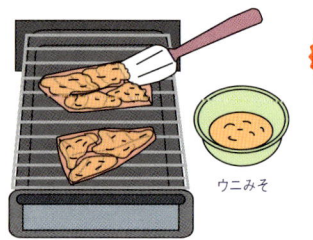

ワンポイント　サバに火を通してから、ウニみそはぬる。焦がさないためにね。

海産物 タイの刻み昆布煮

昆布からのだしをとりつつ魚も同時に煮付けてしまうのがこのレシピです。【この魚でもOK】スズキ・イサキ

- 所要時間：**20分程度**
- 道具：**包丁、鍋、ボウル**
- 材料（2人分） 三枚おろし(P.122)
  - タイ ……………… 半身（三枚におろす）
  - 切り昆布 ……… 10g
  - **A**
    - しょうゆ ……… 大さじ2
    - 酒 ……………… 1/4カップ
    - みりん ………… 1/4カップ
    - 水 ……………… 1/3カップ
    - 砂糖 …………… 大さじ1/2

❶ 漬けだれを作る

フライパンにAと切り昆布を入れて漬けておく。

❷ 下ごしらえ

タイの切り身は、熱湯を注いで霜降りにする。それを水洗いし、水気はキッチンペーパーなどで取っておく。

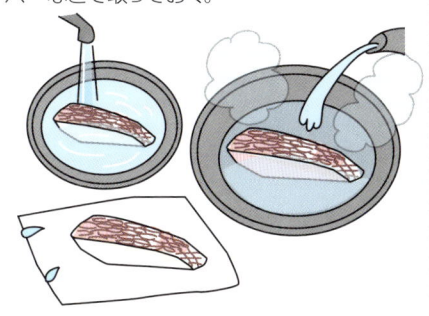

❸ 煮る

❶を強火にかけ、沸騰したら弱火にする。そこへタイを身を下側に向けて入れる。それからショウガを散らし、アルミホイルで落としぶたをする。

❹ 完成

煮汁をすくっては、タイの身に回してかけながら煮ていく。煮時間は7〜8分が目安。

調理のコツ！
タレは薄味なので、タレを煮つめる必要はないよ。

PART 3　中級編　缶詰類＆海産物を使ったレシピ　　スズキとアサリのあっさり煮

海産物　スズキとアサリのあっさり煮

カブの甘味が白身の魚のうま味をいっそう引き立てます。

【この魚でもOK】タイ・カレイ

🕐 **所要時間：20分程度**
（砂出しの時間は入らない）

🏠 **道具：包丁、フライパン**

🐟 **材料（2人分）** 三枚おろし(P.26)
・スズキ ………… 半身（三枚におろす）
・アサリ ………… 200g
・カブ …………… 2本

●A
・しょうゆ … 大さじ1　・水 …… 1/3カップ
・酒 ……… 大さじ2　・砂糖 … 小さじ1/2

❶ 下ごしらえ

三枚におろしたスズキは塩を振ってから15分おいておき、出てきた水気はキレイにふき取る。それから一口大の大きさに切り分けておく。カブの身は薄切りに、葉はみじん切りにしておく。

かぶ　　スズキ

❷ 砂出し(1)

アサリは殻どおしをこすり合わせてよく洗っておく。

❸ 砂出し(2)

塩を入れる。海水と同じ塩分濃度(3%の食塩水)にする。

❹ 砂出し(3)

新聞紙などをのせて暗くする。この方が早く砂出しをする。

※2時間くらい置く。

❺ 煮る

フライパンにAを入れ、中火にかける。そこへスズキ、アサリ、カブを入れる。

しょうゆ　砂糖　水　酒

❻ 完成

ふたをし、煮立ったら弱火にして3分。その後、火を止めて3〜4分蒸らしたら、完成。

3〜4分蒸らす　3分煮る

上級編

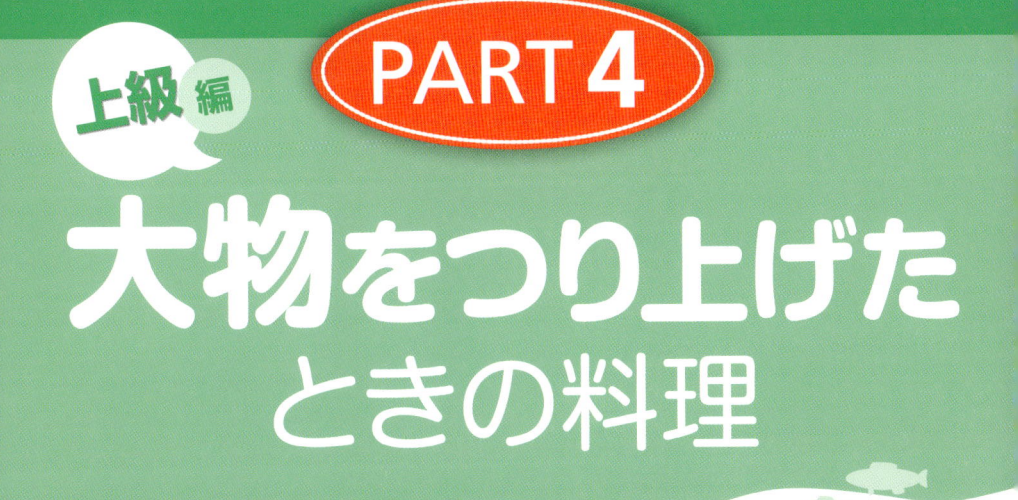

PART 4
大物をつり上げたときの料理

料理の腕が上達してくると、
魚屋さんでしか手にできなかった魚を、つって、
そして料理したくなるのが、つり人の"つり魚料理"心情。
そこで活用できるのが海上つり堀です。

PART 4 上級編　大物をつりあげたときの料理

海上つり堀なら高級魚もかんたんにゲット！

　今や大人気となっている海上つり堀。人気のひみつは、つるには難しい**マダイやブリなどの高級魚が、かんたんにつれてしまう**ことにあります。休日ともなれば、つりの初心者からベテラン、たまたま港湾を訪ずれた観光客などでいっぱいです。**たとえ平日でも、飛び込みの利用は難しく、予約を必要とするほどです。**

●**料理をするのに、うれしいサービス**
　つりが終わったら、つれた魚は施設のスタッフさんが「〆め」てくれる。これはサービスだが、自分たちが手塩に育てた魚をおいしく食べてほしいという、スタッフさんたちの心意気でもある。

「マダイ」を食べよう！

マダイ

★**食べて体にうれしい情報**
食べるのに重宝がられるのは、"目の下1尺"と呼ばれるサイズ。嬉しいことに海上つり堀では、大きさ40〜50cmがアベレージサイズ。おまけにタイは捨てるところがないと言われる魚なので、余すことなく食べよう。

●**和名＝真鯛**　●**スズキ目タイ科**
ほぼ卵円形に近い体型で、厚みのある腹部をしている背ビレはトゲ状。

●**日常習性**
沿岸域にある岩礁帯の砂礫底、砂底が主な生息場所で、季節により浅場と深場を行き来する。

●**主なフィールド**
船・防波堤・磯

●**主な釣法**
ウキ（遊動式）づり／カゴづり／コマセ（胴突き）づり

●**一般の釣期**

1	2	3	4	5	6	7	8	9	10	11	12
		★	■	■	★						

（・＝ ■＝良い　■＝最盛期　・旬＝★）

●**おいしい食べ方**
・刺し身　・塩焼き
・煮もの　・タイ飯など

「ブリ」を食べよう！

ブリ

- ●和名＝鰤　●スズキ目アジ科
  背は緑色。腹は白。成魚は頭から尾まで縦の黄色い1本線がある。
- ●日常習性
  北海道より南に分布する回遊魚。泳層は海面近くで、群れは全て同一方向にむいて泳ぐ魚。春の群れは横に広く、秋の群れは縦列状なのが特徴。
- ●主なフィールド
  船
- ●主な釣法
  ウキ（遊動式）づり／カゴづり／活きエサづり／ルアーづり

★食べて体にうれしい情報
つりたてもおいしいが、ある程度時間をおいてもブリは美味な魚。ブリにはヒスチジン（アミノ酸の一種）が多く含まれていて、これが時間の経過とともに多くなるためだ。他にD、HA、EPA、B1、B2が多く含まれている。

●一般の釣期

1	2	3	4	5	6	7	8	9	10	11	12
★	★									★	★

（・　■＝良い　■＝最盛期　・旬＝★）

●おいしい食べ方
- 塩焼き
- 照り焼き
- 刺し身
- 煮物
- しゃぶしゃぶなど

「カンパチ」を食べよう！

●和名＝間八　勘八　●スズキ目アジ科

★食べて体にうれしい情報
ブリ、カンパチ、ヒラマサ。この3者、常に好みの比較対象とされている面々。しかし、刺し身で食すなら、やはりカンパチにその軍配は上がるだろう。成魚だけでなく、幼魚にも脂がのっていておいしい。

「ヒラマサ」を食べよう！

●和名＝平政　●スズキ目アジ科

★食べて体にうれしい情報
ブリに比べ脂が少ないため、もの足りなさはあるかもしれないが、「青物の貴公子」と呼ばれるようにさっぱりとした食味は、塩焼きや酢の物にしてもよい。また、魚の味が落ちる夏が旬なこともうれしい魚。

「シマアジ」を食べよう！

●和名＝縞鯵　●スズキ目アジ科

★食べて体にうれしい情報
アジ類のなかでもっともおいしいとされる魚。カルシウムの吸収率をあげるビタミンDが多く、他にDHA、EPA、B1、B6も豊富。おまけに血合い（鉄分）もおいしく食べられるので、女性にうれしい魚。

PART4 上級編 大物をつりあげたときの料理

刺し身の切り方のパターン

刺し身は切り方がひとつで、舌ざわりや歯ごたえ、または味そのものに悪影響が出ます。

包丁の持ち方

刺し身以外の料理では、一般的な包丁の持ち方でかまわないが、刺し身のために魚をさばく際は、人差し指を包丁の背にそえる握り方をすること。こうすることで、包丁の存在が感覚的になり、包丁の切っ先はまるで指先の延長のように細かい作業が可能になる。

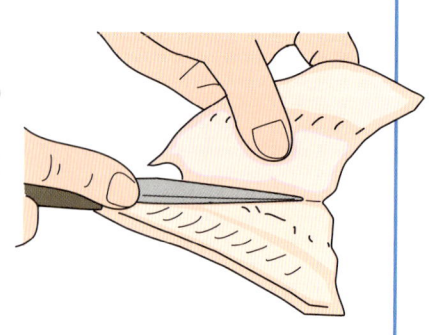

パターン①
基本はそぎ切り

刺し身は一切余分な仕事のない料理。つまり、切ることそのものが調理であることを覚えておこう。身が透き通っているような白身の魚で、なおかつ活きがよく、身がしまって弾力のあるものは、そぎ切りにする。フグなどが代表例で、こうすれば歯ごたえが楽しめる。

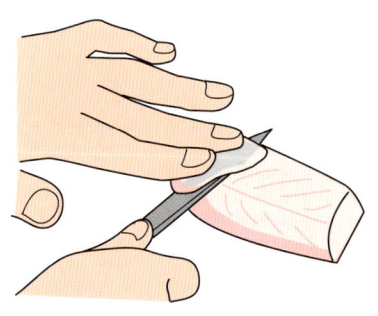

パターン②
身の軟らかさを保つ切り方

イワシなどの小魚は中骨もいっしょに食すことは多い。そんなときは、身に対し、垂直に包丁を入れて刺し身にする。また、身の柔らかな魚の場合は、おろした身を返し、皮面から包丁を入れると身が崩れたりつぶれたりせずに、刺し身を切ることができる。

マダイのコブ〆め／マダイのマリネ

マダイ 刺し身からのバリエーション ①

マダイのコブ〆め

淡白なタイの身がコンブと出会うとこんなにも豊かな味わいになる。

- 所要時間：**調理時間15分程度**
  （しかしすぐには食べることができない）
- 道具：包丁、蒸し器
- 材料（2人分） 三枚おろし(P.122)
  ・マダイ … 半身（三枚におろす）
  ・コンブ … 適宜
  ・塩 ……… 適宜

❶ 味つけ

柔らかくしたコンブに、そぎ切りしたタイの身をかさならないようにのせていく。軽く塩をふる。コンブに蒸すなどの熱を加えて柔らかくしたときは、必ず冷ましてから調理を始めること。

❷ 巻く

❶の作業が終わったら、コンブのうま味がタイの身にしみ込むように、少し力を入れてコンブを巻く。

❸ 仕上げ

最後にラップでしっかり密封。後は冷蔵庫で寝かせるだけ。

冷蔵庫 2日目から7日目が食べごろ

ワンポイント
酒でコンブを軟らかくすると、コンブのうま味が出ておいしさもアップ。ただし、その分、日持ちは悪くなるから注意。

マダイ 刺し身からのバリエーション ②

マダイのマリネ

シンプルなだけに飽きるのも早い刺し身。そんなときの打開策がこの一品

- 所要時間：**20分程度**
- 道具：包丁、ビニール袋
- 材料（2人分）
  ・マダイ …… 半身 三枚おろし(P.122)
  ・玉ネギ …… ¼個　・パセリ …… 少々
  ・レモン …… ¼個　・ハーブ類 … お好みで
  - Ⓐ ・酢 …… 大さじ2　・水 …… 大さじ3
  - Ⓑ ・しょうゆ … 小さじ2　・オリーブオイル … 大さじ2
    ・塩 ………… 小さじ½　・ワインビネガー … 大さじ1

❶ 下ごしらえ

三枚におろしたタイの身に塩をし15分くらいおく。それをⒶで洗ったあと、食べやすい大きさに切る。

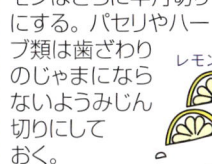

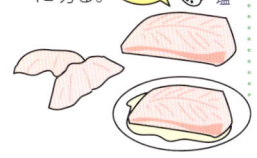

❷ 野菜の下ごしらえ

玉ネギとレモンは薄切りにし、玉ネギは細かく分け、レモンはさらに半月切りにする。パセリやハーブ類は歯ざわりのじゃまにならないようみじん切りにしておく。

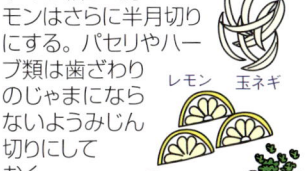

❸ 仕上げ

ビニール袋にⒷとパセリ、ハーブ類を入れてよく混ぜ合わせたあと、タイと玉ネギ、レモンを入れる。袋のうえから軽くもんで、完成。

PART 4 上級編 大物をつりあげたときの料理

マダイ

マダイの塩釜焼き

でき上がり"釜こわし!?"のときは思わず歓声が上がるレシピ。

- 所要時間：約1時間
- 道具：包丁、オーブン
- 材料（4人分）
  - ●腹開き P.28 の内臓の取り方参照と P.122 のウロコの取り方参照
- ・マダイ1尾
  （エラと内臓、ウロコを取っておく）
- **A**
  - ・レモン …… 1個
  - ・荒塩 ……… 2～3kg
  - ・卵白 ……… 2～3個

❶ 釜作り

Aをボウルにあけ、よく混ぜる。粘土状になるまでこねると後の作業はやりやすい。

❷ 包む

オーブンの天板に焼く魚の大きさよりも若干大きめに練った塩をしき、そのうえに魚をおく。残りの塩で魚を覆う。完全に密閉すること。すき間があると魚は焦げてしまう。

❸ 焼く

オーブン（250℃）で30～40分程度焼く。

❹ 完成

焼きあがったら、木づちなどを使って塩の釜を壊して、完成。

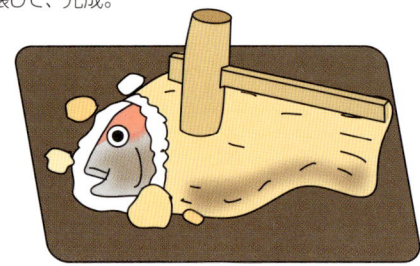

ワンポイント

でき上がりが楽しみなレシピでもあるから、パーティやアウトドアでも楽しめるよ。野外料理では、アルミ箔を活用して、オーブンの代わりにしよう。

マダイの蒸し物

まさに素材が決め手の料理！
つり魚だからこそ、勝負できるのです。

- 所要時間：20分程度
- 道具：包丁、蒸し器、鍋
- 材料（4人分） 三枚おろし(P.122)
  - マダイ ………… 半身をさらに2つに切る
  - 長ネギ ………… 1本
  - ショウガ ……… 1片
  - しょうゆ ……… 大さじ1
  - ゴマ油 ………… 大さじ2
  - A ・塩 …………… 少々
    ・酒（紹興酒）…… 適宜

❶ 下ごしらえ
タイの切り身に塩と酒をふる。酒は日本酒か紹興酒などを好みで選ぶ。

5〜10分漬ける

❷ 皿に並べる（1）
適当な大きさにカットした長ネギを皿に並べ、その上に切り身をのせてショウガを散らす。

❸ 皿に並べる（2）
❷をラップする。

❹ 蒸す
蒸し器をセットし、そこに❸を入れて蒸す。蒸し時間は10分程度。目安はネギから水が出てくるまで。

10分蒸らす

❺ ゴマ油
鍋（小）にゴマ油を入れて熱する。香ばしい匂いが立ってきたらOK。

❻ 味つけ（1）
蒸しあがったらラップを取り、しょうゆをたらす。

❼ 味つけ（2）
熱したゴマ油をタイの切り身にかけたら、完成。

PART 4 上級編 大物をつりあげたときの料理

ブリ ブリのみそ漬け

大型魚を余すことなく堪能したい！
そのためのレシピです。

所要時間：10分程度
（漬け時間は含まない）

道具：包丁、蒸し器、鍋

材料（4人分）
・ブリ ……………半身を切り身にする
● P.92とP.122参照　三枚おろし（P.122）
■A　・白みそ ……300g
　　　・砂糖 ………大さじ2
　　　・酒 …………大さじ3

❶ 下ごしらえ
ブリの切り身に塩をする。それを脱水シートにはさみ、1時間くらいおく。

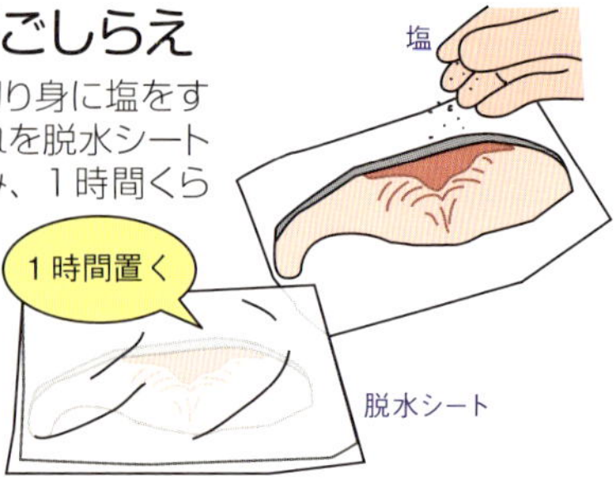

1時間置く

塩
脱水シート

❷ みそ床（1）
Aを混ぜ合わせる。容器のなかにキッチンペーパー（不織布）をしき、その上にAの半分を平らにのばす。

砂糖　酒　白みそ

❸ 切り身
❷の上にブリの切り身をおく。このときにブリの余分な水分はぬけていることが大切。

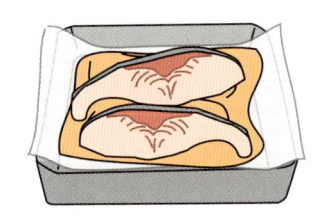

❹ みそ床（2）
残りのAを❸の上に均等に、さらに密着させるようにのばす。それを冷蔵庫でねかせる。

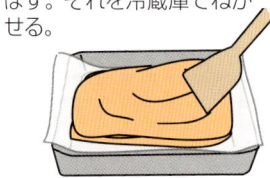

❺ 完成
グリルの中火で焼く。グリルは最初に十分熱しておくこと。みそ漬けは決して焦がしてはいけない。

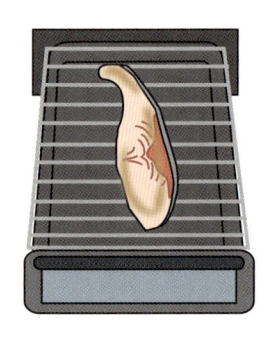

ワンポイント
赤みそ床は翌日から、白みそ床は3日後くらいからが食べごろだよ。漬け床は一度作れば、3回は漬けるのに使えるから、つり魚料理にとっても重宝。

ブリ大根

あえてあらを使わず時短のブリ料理。

所要時間：20分程度
道具：包丁、鍋、ボウル
材料（4人分） ●P.92とP.122参照

- ブリ ……… 300g 三枚おろし(P.122)
- ショウガ … 1片
- 大根 ……… 300g
- **A**
  - 酒 ………… 大さじ4
  - 水 ………… ½カップ
- **B**
  - しょうゆ …… 大さじ4
  - みりん ……… 大さじ2
  - 砂糖 ………… 適宜

お母さん、いよいよブリ大根に挑戦。
いざ、勝負ブリ！
いざ、酒の肴を待つお父さん。

❶ 大根
二口大の乱切りにした大根を少量の水で蒸し煮にする。火の通りは8分くらいが目安。

❷ 下ごしらえ（霜降り）
鍋に水をはって沸騰させる。沸いたら、適当な大きさにカットしたブリを入れる。ブリは少しずつ入れ、手早く冷水にとること。皮がはがれるのを防ぐために、流水では洗わない。

ワンポイント 霜降りにすると、ブリの余分な脂と臭みが取れておいしいよ。

❸ 煮る（1）
大根とブリを入れた鍋にAを入れて中火で煮る。アクが出てきたらていねいに取っておく。

❹ 煮る（2）
Bを入れて味を整える。火加減は❸よりも若干強くする。

❺ 完成
ショウガを加えてさらに煮る。15分くらいで、完成。

PART 4 上級編 大物をつりあげたときの料理

ブリ

ブリの照り焼き

ためしに作ってみたら、とってもかんたんだったレシピ。

🕐 所要時間：15分程度
📦 道具：包丁、フライパン、ボウル
🐟 材料（2人分）● P.92とP.122参照

- ブリ …… 切り身2切れ 三枚おろし(P.122)
- 酒 ………… 大さじ2
- サラダ油 … 大さじ1

A
- 酒 …………………… 大さじ1
- ショウガ（チューブ）…小さじ2
- しょうゆ …………… 大さじ2

B
- しょうゆ …………… 大さじ2
- みりん ……………… 大さじ2
- 砂糖 ………………… 大さじ1

---

❶ 下ごしらえ（1）

なるべく平たい容器にAを入れ、そこにブリの切り身を漬け込む。漬け時間は約20分くらいを目安にする。

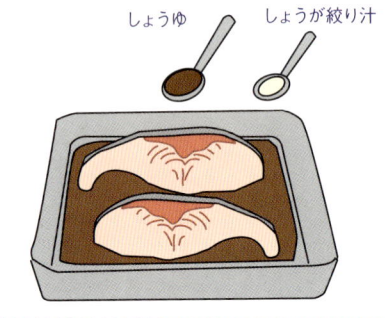

しょうゆ　しょうが絞り汁

❷ 下ごしらえ（2）

❶のブリをキッチンペーパーにのせる。全体に残っている汁気をふき取っておく。

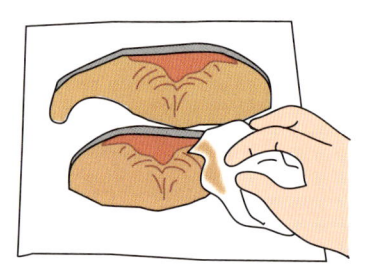

❸ 焼く

フライパンにサラダ油をしき、中火で熱する。そこにブリを入れ（盛りつけるときに表になる面から焼いていく）、両面に焼き色をつける。
焼き色はフライパンをゆすりながら焼くとつきやすい。出てきた脂は余分なので、たたんだキッチンペーパーでふき取っておく。

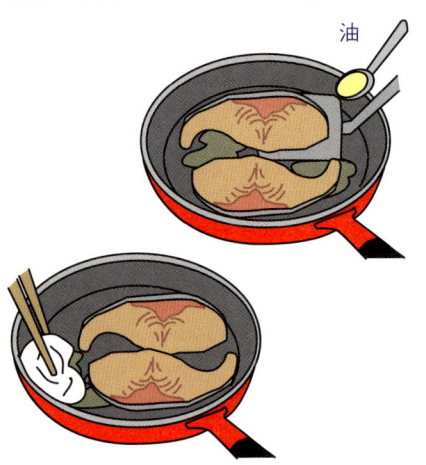

油

調理のコツ！

照り焼きは、焼きと蒸しの両方の要素が調理に含まれた料理だよ

ブリの照り焼き／ブリのしゃぶしゃぶ

④ 焼き（2）

❸に酒を入れ、ふたをしてさらに2〜3分ほど蒸し焼きにする。これで外側は香ばしく、中の身はふっくらと仕上げられる。

ふたをして2〜3分蒸す

⑤ 完成

Bを入れ、強火にする。たれを煮つめながら、ブリにからめていく。

砂糖　みりん　しょうゆ

調理のコツ！
砂糖とみりんはとても焦げやすい。だから、最後の最後に入れて味つけするよ。

ブリ　ブリのしゃぶしゃぶ

刺し身にあきたらこのレシピ。

ワンポイント
ブリは脂ののった魚。ときには脂がしつこく感じることも…。そんなときは刺し身よりしゃぶしゃぶがおすすめ。余分な脂が落ちてさっぱりした味に。

🕐 所要時間：10分程度
🧰 道具：包丁、鍋、ボウル
🐟 材料（2人分）　●P.92とP.122参照

- ブリ……薄切り10切れ　三枚おろし（P.122）
- シイタケ……適量　　長ネギ……適量
- エノキダケ…適量　　シュンギク…適量
- ニンジン……適量

●A
- 酒………1カップ　　水………1ℓ
- みりん……大さじ1　塩………小さじ1

●B
- しょうゆ…½カップ　柚子しぼり…¼カップ
- ネギ………¼本　　トウガラシ…適宜
- 　　　　　　　　　塩………少々

❶ 材料

このように野菜はカットして大皿に盛りつけておく。Bは混ぜてたれにする。

❷ 食べる

Aをできれば土鍋に入れて温める。ブリの色が変わったら食べられる。

99

PART 4 上級編 大物をつりあげたときの料理

ある意味大物!?
レシピのバリエーションは豊富！

ここで言う大物とは、タコとイカのことです。タコは真水を嫌うため、河口から離れていれば、湾内のそれこそ防波堤からでもつることができますし、イカも、船からなら初心者でもかんたんにつることができるターゲットです。もちろん、食べてもおいしく、さらに、そこへ新鮮さが加わるのですから、今までとは一味も二味も違います。

「タコ」を食べよう！

マダコ
- ●和名＝真蛸　●八腕形目マダコ科
- ●一般の釣期

1	2	3	4	5	6	7	8	9	10	11	12
★	★			■	■	■	■	■	★	★	★

(・　■＝良い　■＝最盛期　●旬＝★)

- ●主な釣法
  投げ（タコテンヤ式）づり

イイダコ
- ●和名＝飯蛸　●八腕形目マダコ科
- ●一般の釣期

1	2	3	4	5	6	7	8	9	10	11	12
	★	★	★						■	■	■

(・　■＝良い　■＝最盛期　●旬＝★)

- ●主な釣法
  投げ（タコテンヤ式）づり

タコ　マダコの酢の物
定番レシピだからこそ、ぜひ、作っておきたい一品！

- ⏱ 所要時間：**10分程度**
- 🧰 道具：包丁、鍋
- 🐟 材料（2人分）
  - マダコ……60g
    ● P.127の下ごしらえをしたもの
  - キュウリ……1本
  - ショウガ……1片
  - ワカメ……水に戻す2g
  - ●A
    - うす口しょうゆ…大さじ1
    - 酢…………大さじ1
    - 水…………大さじ1

❶ 二杯酢
鍋（小）にAを入れてひと煮立ちさせる。これがいわゆる二杯酢で、冷ましてからさらに冷蔵庫で冷やしておく。

❷ 下ごしらえ
タコは一口大に切る。薄くそぎ切りでもぶつ切りでも好みのきり方でかまわない。キュウリは薄切り、ショウガは針切り（千切り）にする。ワカメは水に戻し、戻した後の水はにぎるようにしてしぼっておく。

❸ 完成
❷にAをかけて完成。

100

マダコのから揚げ

タコ

たた揚げただけなのにこんなにおいしい。
新鮮なその味に、きっと驚くはず！

- 所要時間：10分程度
- 道具：包丁、フライパン
- 材料（2人分）
  - マダコ ………… 140g
    - ●P.127の下ごしらえをしたもの
  - 片栗粉 ………… ½カップ
  - サラダ油 …… 適宜
  - レモン ………… ¼個
  - ●A
    - しょうゆ …… 大さじ1
    - 塩 ………… 少々
    - 酒 ………… 大さじ1
    - コショウ …… 少々
    - ニンニク …… 少々

❶ 下ごしらえ

タコは一口大に。ぶつ切りの方が歯ごたえがある。先にニンニクをすりおろしておき、**A**をタコにかけてよくもんでおく。

ワンポイント　タコは熱が入ると縮むため、必ずやや大きめにカットして使おう。

❷ まぶす (1)

ビニール袋に❶のタコと片栗粉を入れる。一旦、袋を閉じたら、上下左右にふって片栗粉をよくまぶす。

❸ まぶす (2)

袋からタコを出す。このときにタコには余分な片栗粉がついているため、指先で"ポンポン"とはたいて落としておく。

❹ 揚げる

フライパンにサラダ油を入れて中火にかける。揚げるときは、一度にたくさんのタコを入れ過ぎないこと。

180℃で3～4分揚げる

PART 4　上級編　大物をつりあげたときの料理

タコ　イイダコの煮物

イイダコは数つりを楽しむターゲット。
当然、たくさんつれるからこれは定番レシピ。

- 所要時間：20分程度
- 道具：包丁、鍋
- 材料（2人分）
  - イイダコ … 200g
  - ニンジン … 80g
  - ほうじ茶 … ½カップ
  - サトイモ … 300g
  - サヤエンドウ … 6枚
  - A
    - しょうゆ … 大さじ1
    - みりん … 大さじ1
    - 酒 … 大さじ2
    - 水 … 3カップ
    - 塩 … 小さじ1
    - だしの素 … 適宜

❶ タコの下ごしらえ (1)

下ごしらえしたイイダコ（P127のマダコ参照）は、水洗いしてよく塩分をぬいておく。ほうじ茶（1/2カップ）をいくつかお茶用パックに小分けし、煮出しておく。そこへマダコの煮方（P127）と同じ方法でイイダコを煮ていく。

❷ タコの下ごしらえ (2)

タコは固くならないうちにお茶から取りあげること。ゆで時間は、足が丸まってから全体を煮出したお茶に入れるが、その足の丸まる時間と同じくらいを目安にする。あげたタコは、ザルにのせて水気をきる。

❸ サトイモの下ごしらえ

サトイモは皮をむき、沸騰させた湯に塩を入れてゆでる。ゆであがったら、サトイモのヌメリは洗い落としておく。

❹ だしを作る

鍋にAを入れて煮立てる。そこにサトイモとニンジンを入れて煮る。

❺ 完成

サトイモとニンジンとに火がとおったら、イイダコを入れる。弱火でコトコトと煮からめたら完成。塩ゆでしたサヤエンドウとともに盛りつけるのもいい。

マダコ飯

タコ本来のあま味を楽しめるレシピ。かみしめたときの歯ごたえはさすが！

- 所要時間：30分程度
- 道具：包丁、炊飯器
- 材料（4人分）
  - マダコ……200g
    - ●P.127の下ごしらえをしたもの
  - 米………3合　・万能ネギ……適宜
  - 黒ゴマ……適宜
  - **A**
    - ・しょうゆ……小さじ1　・水………3合分
    - ・みりん………大さじ1　・塩………少々
    - ・酒……………大さじ1　・昆布……10cm角

ワンポイント
ゆでたときの塩加減は覚えておこう。もしも塩が多いときは、味つけは薄味にすると、よりタコのうま味が引き立つよ。

❶ 下ごしらえ
タコは歯ごたえを楽しめるようにぶつ切りにする。

たこぶつ切り

❷ 炊飯器をセット
炊飯器に研いだ米と**A**を入れる。水は米3合を炊く目盛りに合わせる。

塩　薄口しょうゆ　酒　みりん　昆布

調理のコツ！
研いだお米は約30分ザルにあけて水気はきっておこう。

❸ 炊く
❷にタコも入れていっしょに炊く。

❹ 完成
十分に蒸らしたら、茶碗に盛り、ネギや黒ゴマなどの薬味をかけたら、完成。

きざみネギ　黒ゴマ

PART 4 上級編 大物をつりあげたときの料理

「イカ」を食べよう！

ヤリイカ
- 槍烏賊
- ツツイカ目ジンドウイカ科
- 一般の釣期

1	2	3	4	5	6	7	8	9	10	11	12
		★	★								

（・　■＝良い　■＝最盛期　・旬＝★）
- 主な釣法：胴突き（イカヅノ）づり

イカ　イカのラー油炒め

シンプルな辛さがイカのあま味を引き立てるレシピ。

🕐 所要時間：15分程度
🍳 道具：包丁、フライパン
🐟 材料（2人分）
- イカ …… 150g ● P.126の下ごしらえをしたもの
- 万能ネギ …… 1本　　酒（紹興酒か日本酒）
- エノキダケ … 適量　　………… 大さじ3

A
- ニンニク … 1片　　・ショウガ … ½片
- ゴマ油 …… 大さじ1　・塩 ………… 小さじ1

B
- しょうゆ … 大さじ1　・トウガラシ 適宜
- 砂糖 ……… 少々　　・塩 ………… 少々
- ラー油 …… 大さじ1

❶ 下ごしらえ
つれたイカは下ごしらえ（P.126参照）した後、大きさをそろえて一口大に切っておく。ショウガとニンニクはみじん切りにしておく。

❷ 炒める（1）
フライパンに、Aのゴマ油とニンニク、ショウガを同時に入れてから火をつける。火は弱火。これは十分油に香りをつけるためと、薬味をこがさないためだ。

❸ 炒める（2）
❷で十分香りがでたら、イカと酒（紹興酒または日本酒）を入れ、サッと強火で炒めていく。

❹ 完成
火が通ったら、手早くBを入れる。最後に刻んだ万能ネギを散らしたら、完成。

ワンポイント
イカは熱を入れ過ぎると、固くなるので注意。さっと炒めるのがコツよ。

イカのラー油炒め／イカと帆立貝のアボカド和え

スルメイカ

- ●和名＝鯣烏賊　●ツツイカ目イカ科
- ●一般の釣期

1	2	3	4	5	6	7	8	9	10	11	12
・	★	■	■	■	★	★	★	★	★	・	・

（・■＝良い　■＝最盛期　・旬＝★）

- ●主な釣法：胴突き（イカツノ）づり

アオリイカ

- ●和名＝障烏賊　●頭足類ジンドウイカ科
- ●一般の釣期

1	2	3	4	5	6	7	8	9	10	11	12
・	・	・	★	★	■	■	■	★	★	★	★

（・■＝良い　■＝最盛期　・旬＝★）

- ●主な釣法：ウキ（遊動式）づり・ヤエンづり・ルアー（餌木）づり

イカ

イカと帆立貝のアボカド和え

アボカドとレモン汁の黄金コンビにイカを合わせたレシピ。

🕐 所要時間：**5分程度**
🧰 道具：包丁、ボウル
🐟 材料（2人分）
- ・イカ …………100g　●P.126の下ごしらえをしたもの
- ・ホタテ貝柱 …2個　・レモン汁 ………少々
- ・アボカド ……1/2個
- **A**
  - ・しょうゆ ……大さじ1　・オリーブオイル…大さじ1
  - ・わさび（練り）…適宜　・砂糖 …………少々
  - ・酒 …………小さじ1

ワンポイント
アボカドは縦に種まで切れ目をいれてから左右にひねるようにして割ると、キレイに種が取れるよ。アボカドは、皮は固くて果肉は軟らかいね。

❶ 下ごしらえ
下ごしらえしたイカ（P126参照）は幅5mmほどの細切りにする。ホタテの貝柱は2cmくらいの角切りにしておく。

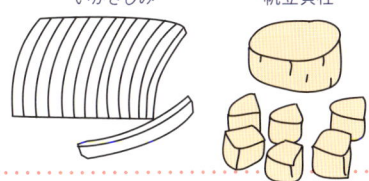

いかさしみ　　帆立貝柱

❷ アボカドとソース
アボカドは、ホタテの貝柱の大きさに合わせてカットしておく。ソースは、Aをボウルに入れ、泡立て器などを使ってよく混ぜ合わせる。

しょうゆ　練りわさび　アボガド
油　　砂糖　　　　　レモン汁

❸ 完成
❶とアボカドを合わせ、それにソースをかけて和えれば、完成。

調理のコツ！
具にはマグロを合わせてもおいしい。カットするとき、アボカド以外は、あえて切り方や大きさは変える。その方がいろいろな食感をより楽しめるからね。

PART 4 上級編 大物をつりあげたときの料理

スルメイカの一夜干し

イカ

夜の一杯のために昼間から準備するワクワクのレシピ。

🕐 所要時間：5分程度
🔪 道具：包丁、焼き網
🐟 材料（2人分）
・スルメイカ …… 1パイ
・塩 …… 適宜
A ・しょうゆ ………… 大さじ3
　・ショウガ ………… 1片
B ・マヨネーズ ……… 大さじ3
　・七味トウガラシ … 小さじ1

イカ〜♪。
イカの一夜干しは
日本人の心。
それは演歌の
スピリットと
同じ〜♪。

❶ 下ごしらえ（1）
一夜干しの場合、イカの頭（胴）と足は切り離さない。頭は開いて、内臓や中骨を取りのぞいておく。

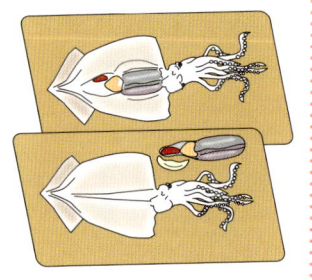

❷ 下ごしらえ（2）
❶のイカは軽く水洗いした後、塩水に約10分ほどつけておく。

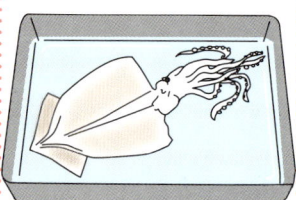

いかをさっと洗い塩水につける

❸ 干す
できれば、干物用ネット（ハエなどを寄せつけず衛生的）を使う。一夜干しというが、日中の陽のある時間帯に干す。指でさわって、イカの表面がサラサラになったら食べごろ。

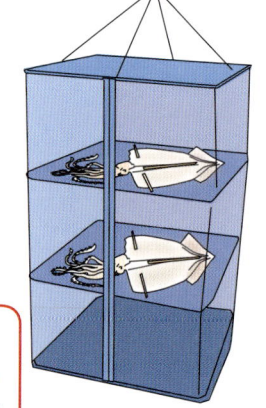

❹ 焼く
焼き網の上で軽く炙ったら、完成。AやBにつけて食べる。

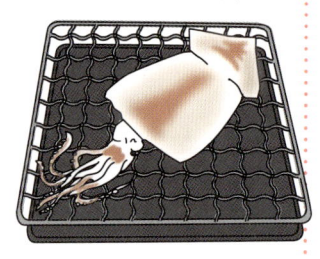

調理のコツ！
一夜干しは、乾燥させて保存食を作るというよりも、干すことによって本来のイカのうま味に新たなうま味をプラスするための作業と考えてね。

PART 5
つったその場で食べたい料理

つりは、アウトドアな遊びです。
たまには、つった魚をアウトドア・クック＆イートしてみてはいかがです？
炭を使うBBQの延長で作れるレシピを集めてみました。

PART 5 つったその場で食べたい料理

つった魚をBBQで食べよう

　つった魚は新鮮なので、つりたてを食べたくなるのは当然ですし、これは**つり人だけに許された特権**でもあります。つりはアウトドアの遊びです。ということは、必然的に料理も野外で行うことになります。野外料理の定番といえば、何といっても**BBQ**が一番。そこで食べることだけでなく、作ることもまた楽しいBBQ料理を紹介しましょう。
　野外料理の楽しさや醍醐味は、家族やグループなど、参加しているみんなで料理を作ることにある。和気あいあいと、開放感いっぱいのなかで作った料理をいっしょに食べよう。

BBQの強い味方
"炭"のおこし方をマスターしよう

　たき火と炭の火を同じものと思っていませんか？　たき火の熱源は直接の炎に対し、炭のそれは熱線であるため、これはまったくの別ものです。たき火は炎をコントロールしなければなりませんが、炭は、その点がとてもラク。着火がうまくいけば、安定して長時間燃え続けてくれますし、煙が少ないことも料理に適した火種といえます。

煙少なく、安定して燃え続ける炭

炭の料理に必要な物

黒炭・ナラ炭
着火が早くて安定して燃える、まさに野外料理のレギュラーメンバー。

炭の2大効果

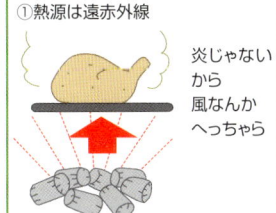

①熱源は遠赤外線
炎じゃないから風なんかへっちゃら
特に肉を焼くときなどに最適。表面は焦がさずに中まで火が通る。

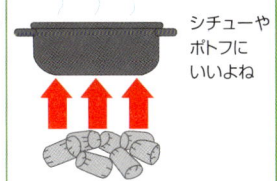

②安定供給しかも長時間
シチューやポトフにいいよね
安定してゆっくり燃えてくれるから、じっくりコトコト煮こむ鍋料理に最高。

BBQにかかせない道具

おが炭
同じ黒炭でも木屑などを固めて焼いたもの。ナラ炭よりも着火しにくい。

着火材
これは炭に火をおこすためのもので、絵のようなヤシ殻タイプが臭いもなくオススメ。着火のときに新聞紙を使うと灰が飛ぶので、できれば避けたい。

BBQグリル
大きさは4人家族ならレギュラーサイズで十分。できればスタンドは継ぎタイプの物を選びたい。スタンドを短くすれば、ファイヤースタンドとしても使える。

着火用ライター
これがあれば安心して着火剤に点火できる。

PART 5　つったその場で食べたい料理

炭のおこし方

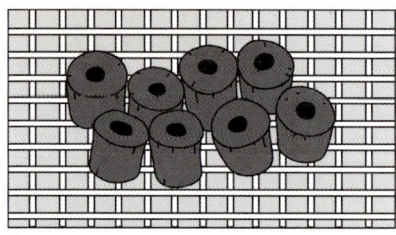

①焼き網を外して底網の上に着火剤を置く。多めに使うこと。

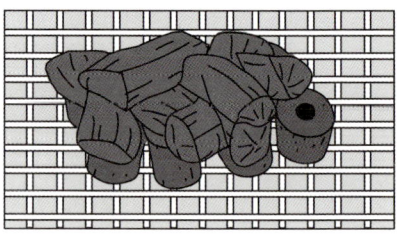

②中サイズの炭を選別して着火剤の上にのせる。広くのせずに重ねて積み上げるのがコツ。

③着火用ライターを使って点火。数か所に点火するため、風が強いときは風下側から点火。

④中サイズの炭に火が移るまで待つ。燃え移ったら、さらに大きいサイズの炭をいくつか足す。火の勢いが弱いときはうちわ（ハンディファンも可）を使う。

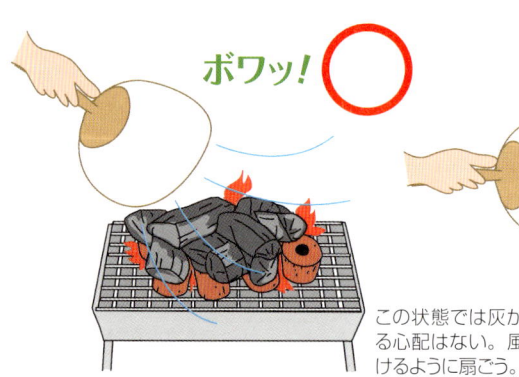

ボワッ！ ○

この状態では灰が飛散する心配はない。風をぶつけるように扇ごう。

ソヨソヨ… ✕

見えている炎がゆれないようではダメ。一瞬、消えてしまったかのようになるくらい強く扇ぐこと。

炭の火力を判断する

全体が白くなっているとき、火力はマックス状態。ここで表面の灰を取ってやると、さらに火力はアップする。

黒い部分がまだ残っているのは完全に燃焼していない証拠。無理に燃やしたりせず、このままじっくり燃やしてあげよう。

炭には、白炭（備長炭が有名）とナラ炭のような黒炭がある。高価で着火と熱源の安定に時間のかかる白炭より、比較的安価で着火が楽な黒炭の方が、野外料理には適しているよ。

アジのなめろう

少しくらい失敗しても OK。アウトドアだからワイルドにいこう。

- ⏱ 所要時間：10分程度
- 🍲 道具：包丁
- 🐟 材料（4人分） 三枚おろし(P.26)
  - アジ ……… 2尾（三枚におろす）
  - 青ジソ …… 4枚　・万能ネギ … 2〜3本
  - ミョウガ … 2個　・みそ ……… 大さじ1

❶ 下ごしらえ (1)
三枚におろしたアジは、腹骨を薄くそぎ切りにして取りのぞく。

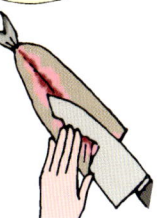

❷ 下ごしらえ (2)
腹骨は取るが、血合い骨は残す。身の真ん中あたりを指でなぞると、チクチクするのが血合い骨だ。

❸ きざみ込む
まず野菜とアジは別々に細かく切る。細かく切った2つを合わせ、残りの具材もすべて合わせてきざむ。つぶを残すようにし、ミンチ状にはしないこと。

これで完成

アジのハンバーグ

なめろうを焼けば"サンガ焼き"。ちょっとの工夫でハンバーグ。

- ⏱ 所要時間：15分程度
- 🍲 道具：包丁、フライパン
- 🐟 材料（4人分） 三枚おろし(P.26)
  - アジ ……… 2尾（三枚におろす）
  - 玉ネギ …… 1/4個　・ショウガ … 1片
  - サラダ油 … 大さじ2
  - ●A ・塩 …………… 小さじ1/2
    　 ・コショウ …… 少々
    　 ・卵 …………… 1/2個
    　 ・パン粉 ……… 大さじ2

❶ 下ごしらえ
なめろうにしたものに、玉ネギのみじん切りを加える。

❷ 形を作る
Aを加え、円く平らな形に手の平で作る。

❸ 焼く
フライパンにサラダ油をしき、中火で熱したら焼く。焼き色がついたら裏返す。今度はふたをし、弱火にしてじっくり中まで火を通して、完成。

PART 5 つったその場で食べたい料理

アジのサンドイッチ

これは食事というより"おやつ"。小腹がすいたときサッと用意。

- 🕐 所要時間：15分程度
- 🧰 道具：包丁、フライパン
- 🐟 材料（4人分） 三枚おろし(P.26)
  - アジ……半身
  - バケット…1本
  - レタス……4枚
  - コショウ…少々
  - ニンジン…½本
  - 塩…………少々
  - 小麦粉……大さじ1
  - タルタルソース（市販品）……適宜
  - ●A・バター………適宜
    ・マスタード…適宜

① アジはムニエルにする
塩・コショウをし、小麦粉にまぶす。バターで焼く。

② パンの下ごしらえ
バケットの中央に切れ込みを入れる。そこにたっぷりとAをぬっておく。

③ 完成
レタスやニンジンを切れ込みにはさみ、そこにムニエルにしたアジをしく。最後にタルタルソースをかけて、完成。

イカのホイル焼き

イカのワタが絶妙の隠し味。調味料が少ないアウトドアの救世主。

- 🕐 所要時間：10分程度
- 🧰 道具：包丁、フライパン
- 🐟 材料（2人分）
  - イカ……1パイ
  - 玉ネギ……¼個
  - キノコ類…適宜
  - ●A・塩……………少々
    ・コショウ……少々
    ・しょうゆ……適宜
    ・酒……………小さじ1
    ・バター………小さじ3

① 下ごしらえ
イカの胴は1cm、足は3cmにカット。ワタには臭みを消すために軽く塩をする。

② 焼く準備
アルミホイルにサラダ油をぬる。そこに玉ネギ→イカの足と胴→ワタ→キノコ類と順番でのせる。

③ 焼く
❷にAのそれぞれを入れたら、アルミホイルをしっかり閉じて加熱。アルミホイルの上に手をかざして熱くなっていたら、ほぼ完成。

イカのポンポン焼き

手のこんだ料理に見えるけど、シンプル。見ためも楽しいレシピ。

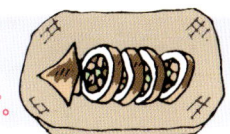

- 所要時間：10分程度
- 道具：包丁、フライパン
- 材料（4人分）
  - イカ……… 2ハイ
  - ショウガ… 1片
  - サラダ油…適宜
  - 長ネギ……1本
  - 酒…………大さじ4

① 下ごしらえ (1)
イカの胴の中に、足とワタ、長ネギを8分目くらいの容量でつめる。

② 下ごしらえ (2)
胴の開いた所は爪楊枝でぬうようにしっかり閉じる。1cm間隔で浅く切れ目を入れる。くれぐれも切り開かないこと。

③ 焼く
サラダ油を引いたフライパンで焼き色がつくまで両面を焼く。そこへ酒を振りかけ、ふたをして蒸し焼きにしたら完成。

漁師鍋

つった魚だけでなく、季節ごとのおいしい海産物も取り入れよう。

- 所要時間：20分程度
- 道具：包丁、鍋
- 材料（4人分）
  - つれた魚…（ウロコ、エラ、内臓は取る）
  - エビ類……適宜
  - 長ネギ……1本
  - 酒…………大さじ2
  - 貝類………適宜
  - 大根………1/2本
  - みそ………適宜

① 鍋に入れる
つれた魚、用意した海産物を鍋に入れる。大根はぶつ切りに、長ネギはななめ切りにして入れる。

② 火にかける
具材がヒタヒタになるくらい水を入れたら、強火で煮る。

③ 完成
沸騰したら弱火にする。具材に火が通るまでアクを取りながら、じっくりとだしを取るように煮ていく。最後に味をみながらみそを加えて、完成。

PART 5　つったその場で食べたい料理

「ニジマス」を食べよう！

ニジマス

● 和名＝虹鱒　　● サケ目サケ科
背や背ビレ、尾ビレにたくさんの小さい黒点がある。腹は白く、背は緑褐色で、エラから側線部にかけて淡紅色の帯がある。

● 日常習性
放流直後のニジマスは比較的つりやすい。しかし、2〜3日もすると、警戒心が強くなる。

● 主なフィールド
川・湖

● 主な釣法
エサづり／ルアーづり／フライ（毛バリ）づり

★ 食べて体にうれしい情報
身はサーモンピンクと呼ばれている。このサーモンピンクには、アスタキサンチンが含まれており、その量は魚のなかでもトップクラス。活性酸素を除去し、動脈硬化防止への効果があるといわれている。

● 一般の釣期

1	2	3	4	5	6	7	8	9	10	11	12
			■	■	■	★	★	★	★		

（・■＝良い　■＝最盛期　・旬＝★）

● おいしい食べ方

・塩焼き　・バター焼き
・ムニエル　・ホイル焼きなど

114

●ニジマスの下ごしらえ

　これは、野外ならではのやり方。つぼ抜き自体は包丁を使わないため、子どもにも安心してお手伝いをたのめます。多少はかわいそうかもしれませんが、食育の一貫として、これはとても大切なことです。

つぼぬき

❶魚体の処理（1）
魚体全体に塩をかけて軽くこすっておく。包丁の刃先部分で、魚の皮を尾から頭に向けてこすっていく。

❷魚体の処理（2）
刃先に細かなニジマスのウロコが取れていく。

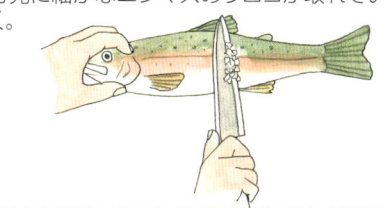

❸つぼぬき（1）
2本の割りばしを口に入れ、一度エラブタから外に差し通す。

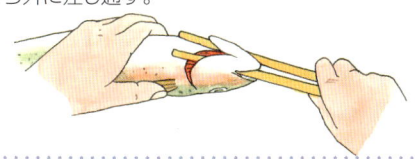

❹つぼぬき（2）
差し入れた割りばしを少し戻し、その割りばしの先端をエラの外側から内臓へと深く刺していく。

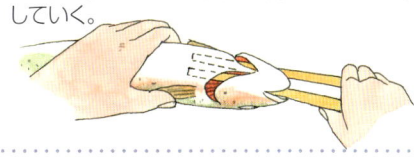

❺つぼぬき（3）
内臓まで割りばしを刺し入れたらエラをはさむように握って、手首を2、3度左右にひねるようにする。

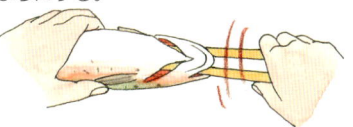

❻つぼぬき（4）
魚体をつかんで固定させたまま、割りばしを回転させながら引きぬいてくると、内臓とエラがはしにからまってぬけてくる。

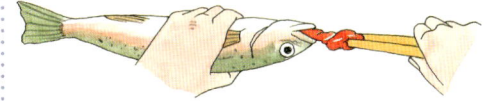

魚のさばき方

①肛門からエラのところまでの点線上に切れ目をいれる。

②アゴとノドを切り離す。

③図のように魚をにぎり、Aの方向に引く。エラとヒレ、内臓を取り除ける。

④背骨に付く血の塊をBのようにして取る。

⑤取りのぞいて、洗ったらできあがり。

PART 5 つったその場で食べたい料理

ニジマス バター焼き&ムニエル

塩焼きだけじゃあまりにワンパターン。ここからはじめてみよう。

- 所要時間：15分程度
- 道具：包丁、フライパン
- 材料（4人分） 三枚おろし（P.26）
  - ニジマス ………… 半身4切れ
  - キノコ類（つけ合わせ）… 適宜
  - ワイン …………… 大さじ4
  - 塩 ……… 少々 ・コショウ … 少々
  - **A** ・サラダ油 … 大さじ2
       ・バター …… 大さじ4
  - **B** ・バター ………… 大さじ2
       ・レモン（果汁）… 適宜

❶ 下ごしらえ
三枚におろしたニジマスには、両面に塩・コショウをしておく。

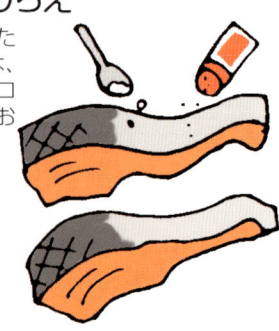

❷ 焼く
フライパンにサラダ油を入れて強火で熱する。そこへ皮目を下にしてニジマスを入れて焼き色をつける。指で身を押さえると早く焼き色がつく。

❸ 蒸し焼き
❷のニジマスを今度はひっくり返してからふたをし、蒸し焼きにしていく。火は弱火〜中火にする。

❹ 確認
アウトドアでは火加減は難しい。視覚だけでなく、指で押しても確認する。適度な弾力があれば焼けた証。

❺ 完成
最後に香りづけのバターをのせて完成。

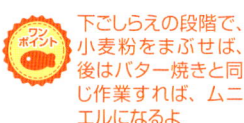

ワンポイント 下ごしらえの段階で、小麦粉をまぶせば、後はバター焼きと同じ作業すれば、ムニエルになるよ

ニジマス チャンチャン焼き

サケが一般的ですが、大物がつれたら、ぜひ作ってほしい一品!

- 🕐 所要時間：20分程度
- 🧰 道具：包丁、フライパン
- 🐟 材料（4人分） 三枚おろし（P.26）
  - ・ニジマス（大）……… 半身（三枚におろす）
  - ・キャベツ … ½個　・キノコ類 … 1パック
  - ・ピーマン … 2個
  - **A**
    - ・みそ ………… 100g
    - ・バター ……… 大さじ2
    - ・酒 …………… ¼カップ
    - ・砂糖 ………… 大さじ2
    - ・しょうゆ …… 小さじ2

① ニジマスの下ごしらえ
ニジマスの身は一口大に切り、軽く塩をしておく。

② 野菜の下ごしらえ
キノコ類は石づきを取る。キャベツは大きめにザク切りにし、ピーマンも縦切りにしておく。

③ タレを作る
ボウルなどの容器にAを入れ、よく混ぜ合わせておく。

④ 焼く(1)
フライパンにバターを入れ、ニジマスの皮目を下にして焼く。焼き色をつける。

⑤ 焼く(2)
④のニジマスは一度フライパンから取り出す。そこにキャベツをしきつめ、再びニジマスをそこへ並べていく。

⑥ 焼く(3)
残りの野菜はニジマスを隠すようにのせる。そこへバターを散らし入れる。

⑦ 蒸し焼き
フライパンにフタをするか、アルミホイルで覆い、蒸し焼きにする。途中でAをかけ入れて再び蒸し焼きにしたら完成。

PART 5 つったその場で食べたい料理

ニジマス 燻製

煙がすべての"燻製"。自宅だと難しいけどキャンプ場ならOK。

- 所要時間：2時間程度
- 道具：包丁、フライパン
- 材料（4人分） 腹開き（P.28）
  - ニジマス（大）… 半身2枚
  - 塩 …………… 大さじ4
  - コショウ ……… 少々
  - **A**（好みで）・オレガノ … 適宜
    　　　　　　・バジル …… 適宜
  - **B** ・ザラメ …… ひとにぎり
    　　・チップ …… 2カップ

① 即席燻製器
フライパンとアルミホイルで作る、即席の燻製器。これがあれば、どこでもかんたんに燻製が作れる。

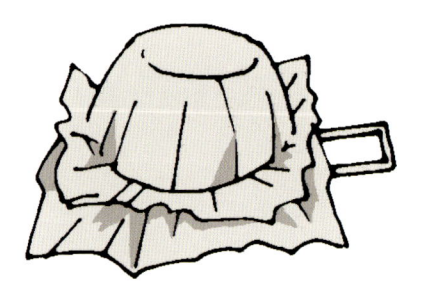

② フタを取った図
中に焼き網を入れる。

③ 燻製器づくり（1）
1枚で足りればよいが、足りないときは2枚を合わせて使う。アルミホイルは両はじを合わせてから2cmくらいの幅で一度折る。

④ 燻製器づくり（2）
❸の折り目部分をさらにもう一度折り込んで、ぴったり押しておく。これを2枚作る。

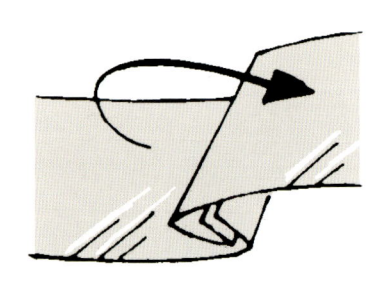

ニジマスの燻製

5 燻製器づくり (3)
1枚はフライパンの底へ。もう1枚はボウル（フライパンと同じくらいの直径）へ押しつけて型取りをする。これがフタになる。

6 チップを用意
アルミホイルをしいたフライパンにBを入れる。ザラメを入れるのは、香ばしい甘い香りとアメ色を魚肉につけるため。

※図は見やすくするために、アルミホイルをしいていないが、実際はしいた上にBをのせる。

7 火を入れる
フライパンを強火で熱し、チップが焦げてきたらOK。

※図は見やすくするために、アルミホイルをしいていないが、実際はしく。

8 金網
フライパンに金網を入れる。このときに金網はチップにふれないことが大切。チップよりは3cm以上離すことがベスト。

9 スモーク (1)
下ごしらえしてAをすり込んだニジマスを網の上にのせる。

10 スモーク (2)
ドーム状にしたアルミホイルのフタをかぶせる。そしてフライパンからはみ出ているアルミホイルで密封する。このためにあえてはみ出させていた。

11 スモーク (3)
煙が合わせ目からうっすらと出てきたら、弱火にする。

12 完成
煙が弱くなってきら、再び強火にする。この行為を何度か繰り返したりしながら煙を調節。できあがりには約2時間はみておく。

PART 5　つったその場で食べたい料理

「ワカサギ」を食べよう！

ワカサギ

●和名＝公魚　●サケ目キュウリウオ科
背は黄色がかっていて、側面と腹は白。体長は15cmくらいにまで成長。

●日常習性
ワカサギには、淡水性や汽水性、降海性のタイプがいる。尚、降海性のもののなかには、淡水性に同化するタイプもいる。

●主なフィールド
湖・池

●主な釣法
エサ（サビキ）づり／エサ（氷穴）づり

★食べて体にうれしい情報
ワカサギは基本、頭から丸ごと食べられる魚。もともとカルシウムの含有量が高い魚なため、まさにカルシウム補給のための魚といえる。

●一般の釣期

1	2	3	4	5	6	7	8	9	10	11	12
★	★	★								★	★

（・■＝良い　■＝最盛期　・旬＝★）

●おいしい食べ方
・塩焼き　・てんぷら
・唐揚げなど

舟づり
氷の張らない湖でのつりスタイル。決められた本数内なら何本ものサオを出して群れを一網打尽にしよう。

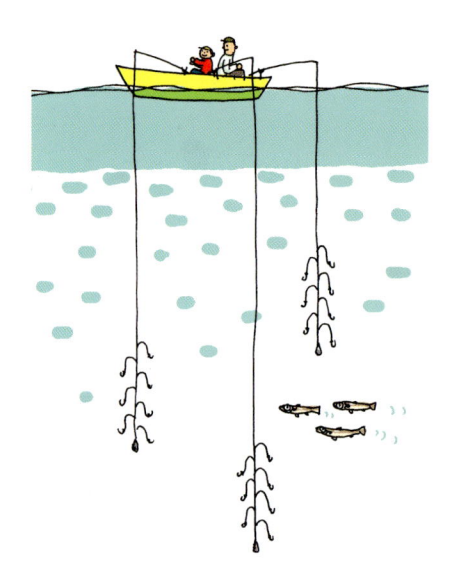

氷穴づり
氷が張るといことは、当然水温も低いため、魚の動きも多少は鈍い。そのため、一本ザオで一匹ずつ丹念につる。

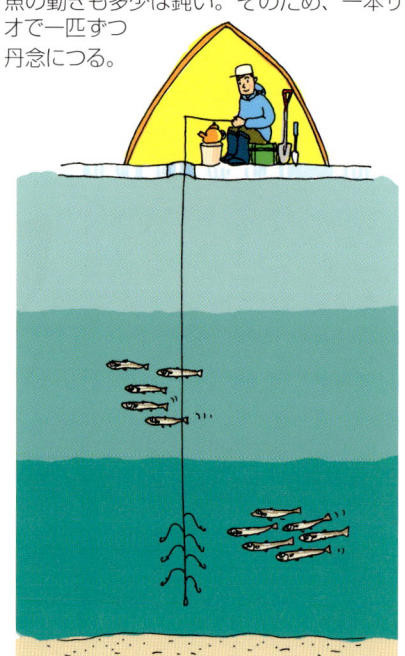

ワカサギの下ごしらえ

❶ 水でよく洗う 
❷ 塩で洗う（ウロコがよく剥がれる） 
❸ もう一度水で洗う 
❹ 酒に漬けておく

ワカサギ フライ&ソースフライ丼

頭から丸ごと食べたいから、やっぱりフライは定番中の定番料理。

🕐 所要時間：10分程度
🧰 道具：包丁、鍋かフライパン
🐟 材料（2人分）
- ワカサギ……20尾
- 小麦粉……適宜
- 卵……1個
- 水……大さじ1
- パン粉……適宜
- サラダ油……適宜

◼A
- ご飯……1合
- キャベツ……¼個

❶ 下ごしらえ（1）
ワカサギの下ごしらえ（上図）の作業後、水気はキッチンペーパーでしっかり取っておく。

❷ 下ごしらえ（2）
軽く塩・コショウをしておく。

❸ 衣
卵は水を加えて、よく溶いておく。

❹ 揚げる
衣は小麦粉→卵→パン粉の順番でワカサギにつける。おおよそ170℃の油でカラッと揚げて完成。

❺ 丼にする
そのままフライを食べてもよいが、ご飯の上に千切りキャベツをしき、その上にソースに浸したワカサギをのせた"ワカサギ丼"もおいしい。

ワカサギ 柳川丼

下ごしらえをしっかり施しているから臭みなし。

🕐 所要時間：15分程度
🧰 道具：包丁、鍋
🐟 材料（2人分）
- 卵……1個
- そばつゆ……適宜

◼A
- ワカサギ（下ごしらえ済み）……16尾
- ネギ……½本
- ゴボウ……½本

❶ 煮る（1）
温めたそばつゆにAを入れて炊く。

❷ 煮る（2）
具材に火が通ったに、溶き卵を入れる。

❸ 完成
器によそったご飯（熱々がおいしい）の上に❷をのせて、完成。

魚のおろし方

❶ ウロコを落とす
尾から頭に向って全体のウロコを落とす。大きい魚の場合、"ウロコ引き"を使った方がやりやすく安全。それぞれのヒレの近くもていねいに落とす。

ウロコ引き

❷ 腹側を切り離す❶
頭の付け根（Tラの上の部分）から胸ビレの横の部分にかけて包丁を入れる。刃先を入れる深さは背骨に当たるところまでで、この位置で刃先はキープする。

❸ 腹側を切り離す❷
❷で背骨に当たっている包丁の刃先をキープしている状態から、刃全体を中骨に沿わすようにしながらゆっくりと腹側部分の身を切り離していく。尾の付け根まで刃を進める。

❹ 背側を切り離す❶
身を180°回転させたら、今度は尾の方から包丁を入れる。❷よりはかんたんに刃先を背骨に当てられる。そこから中骨、つまり包丁の根元で背ビレを意識しながら頭に向けて身を切り離していく。徐々に包丁を刺し入れていくイメージ。

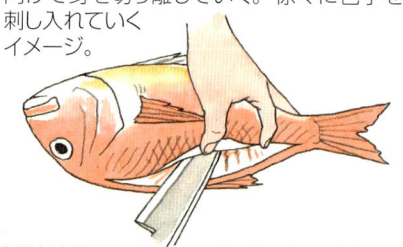

❺ 背側を切り離す❷
腹側と背側を切り離せたら、尾の方から包丁を入れて、背骨から完全に身を切り離す。背骨の節をひとつずつ"コリッ、コリッ"と切りながら、そのつど、左手は身をはがしていくようにするのがコツ。

❻ 反対側
二枚におろした状態。反対側も❷〜❺のようにして身を切り離す。

魚のおろし方

魚にはそれぞれの特徴に合わせたおろし方があります。ここでは、扁平な魚の代表であるマダイ、平たい魚の代表のヒラメ、それにイカとタコのおろし方を紹介します。

❼ 完成
これで、マダイの三枚おろしが完成。

※上身と下身をさらに切り分けたら、**切り身**になる。

❽ 内臓とエラを取る
タイは捨てるところがないといわれている。エラの付け根に包丁を入れて切り離せば、内臓もいっしょに取れる。水でよく洗い、最後に水気はふき取っておく。

内臓

❾ さく取り（刺し身用）１
包丁を上向きにする。刃先で腹骨の付け根に引っかけるようにしながら切り離していく。

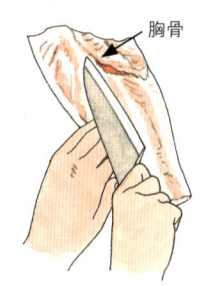

胸骨

❿ さく取り（刺し身用）２
身を縦にし、尾の方から腹に沿って腹骨をそぎ取る。包丁の寝かせ具合でそぎ切る厚さを調節する。

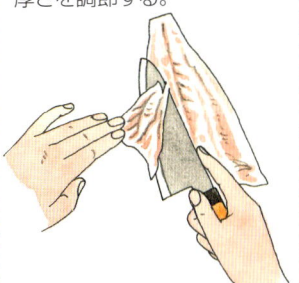

⓫ さく取り（刺し身用）３
腹側を右、背側を左になるようにおく。腹側の身に血合い部分が残るように包丁を入れて、身を2つに切り分ける。

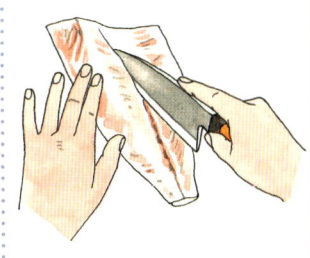

⓬ さく取り（刺し身用）４
最後に腹側の身に残した血合い部分を切り離して完成。この部分も捨てない。よいだしが取れる。

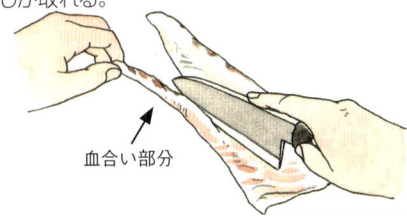

血合い部分

調理のコツ！

ウロコをはがすとき、ビニール袋（大）のなかで作業をやると後片付けはとてもラクだよ。飛び散ったウロコは、とても始末に悪いからね。

123

ヒラメ・カレイ五枚おろしのさばき方

❶ 皮の処理❶（表）
頭は右に向ける。尾の方からウロコと皮の間に包丁を入れて、頭の方へとウロコをすき取っていく。

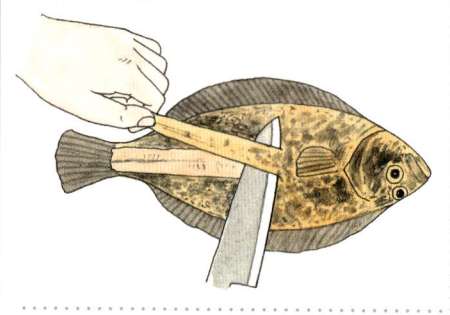

❷ 皮の処理❷（裏）
引っくり返して裏側の皮も同じようにすき取る。ヒレの部分は肉がカーブしているため、魚体にそうように包丁を進ませるとすきやすい。

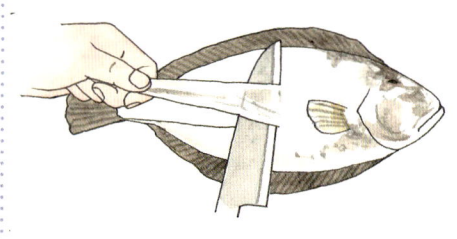

❸ 皮の処理❸（完成）
皮が残り、ウロコがキレイに取れていればOK。

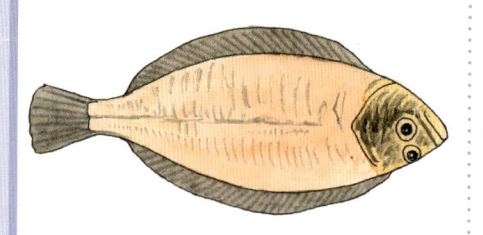

❹ 身をおろす❶
点線部に垂直に包丁を入れ、頭を取りのぞく。その断面から内臓も取り出して、よく水洗いする。水気はふき取っておくと、この後の作業はやりやすい。

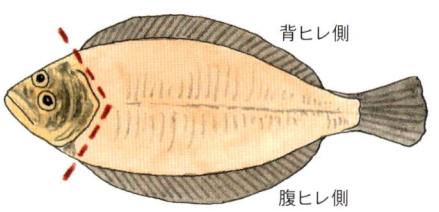

背ヒレ側
腹ヒレ側

❺ 身をおろす❷
腹側を手前におき、中央の中骨にまで包丁を刺し入れたら、中骨にそって縦に切れ目を入れていく。

❻ 身をおろす❸
背ビレ（腹側と逆）にそって、頭のつけ根から尾まで包丁を刺し入れて切れ目をつける。

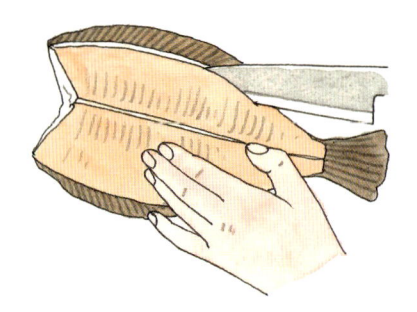

7 身をおろす 4

反対側の腹ビレは、今度は尾の方から包丁を刺し入れて、頭のつけ根まで切れ目を入れる。

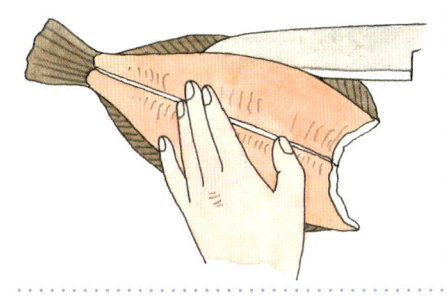

8 身をおろす 5

腹側から始める。まず腹身と尾の部分を切り離す。中骨の切れ目に対し、頭の方から少しだけ包丁を斜めにして、腹身を切り取っていく。コツは刃の全体というよりは刃先だけを使ってなぞるように切る。少しずつ何度も動かして切り進むようにする。

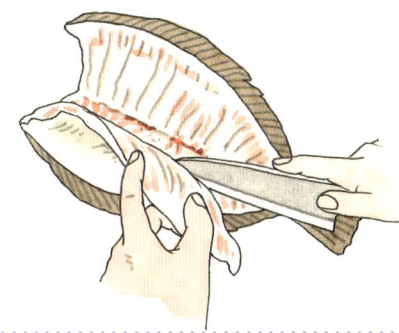

9 身をおろす 6

背側にとりかかるには、魚の向きを180°変える。今度は尾の方から包丁を入れ、中骨に沿って 8 の要領で切り離していく。

10 身をおろす 7

下身も 4〜9 と同様の手順で進めていく。

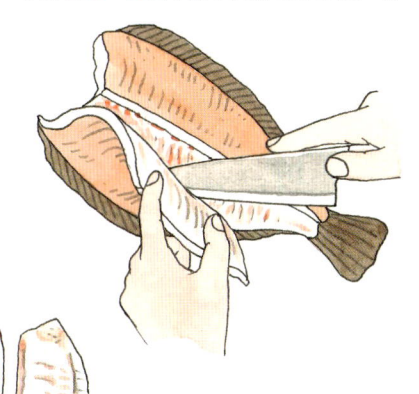

11 完成

これで5枚(上身の背側、上身の腹側、中骨、下身の腹側、下身の背側)の完成。★印の部分がエンガワと呼ばれ、すしネタとして重宝がられる。

PART 5 つったその場で食べたい料理

イカのおろし方

① 足と内臓のおろし方 1
胴と足のつながり部分を左手の親指を入れて外す。内臓と墨袋を傷つけないように注意しながら胴から引きぬく。軟骨もぬき取れる。

② 足と内臓のおろし方 2
内臓についている墨袋を破れないように指でつまんで取りのぞく。墨袋は内臓の外側にある細長く黒い部分。

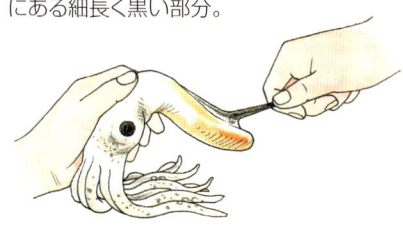

③ 足と内臓のおろし方 3
足と内臓を切り離す。包丁を入れる位置は、ちょうど目玉の上の部分。

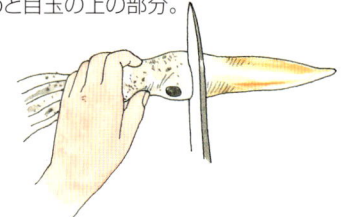

④ 足と内臓のおろし方 4
両目の間に縦に包丁を入れてクチバシまで切り開き、足を開く。そうすると、かんたんに目とクチバシ(カラス)を取りのぞくことができる。

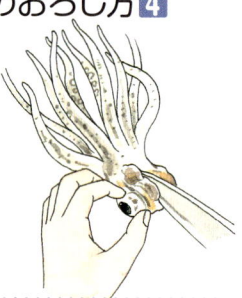

⑤ 胴のおろし方 1
エンペラを胴から引きはがしたら、そのままゆっくり皮をむいていく。

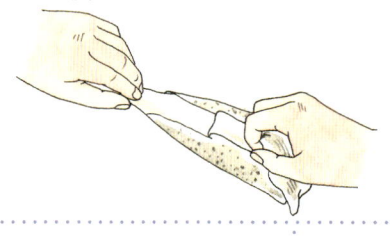

⑥ 胴のおろし方 2
⑤の皮のさけめを利用して、残った皮を両手で広げるようにしながらむいていく。

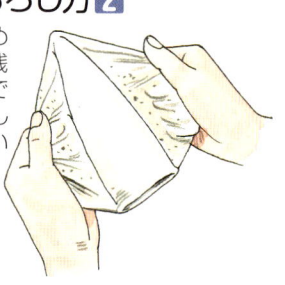

⑦ 胴のおろし方 3
軟骨の付いていた部分に包丁を入れて、胴を切り開く。

⑧ 胴のおろし方 4
イカには三枚の皮があるため、厚い皮の下にある薄皮もキレイに取りのぞく。最終的にむけなかったものは、ふきんなどを利用してふき取ってしまう。

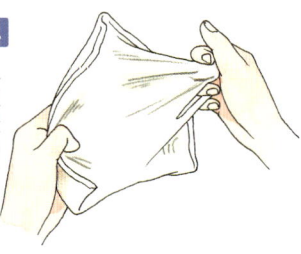

イカのおろし方／タコのおろし方

タコのおろし方

❶ 内臓の処理 1
タコの胴（頭）の部分を引っぱりながらひっくり返す。

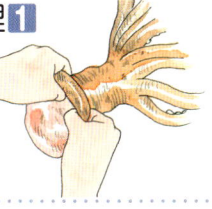

❷ 内臓の処理 2
胴体から内臓を取り出す。墨袋を傷つけないようにしながら内臓を切り取る。

❸ 内臓の処理 3
墨袋を切り離す。ここで墨袋を破ってしまうと、タコやまな板が黒く汚れてしまうので注意。

❹ 塩もみ 1
なるべく大きな容器（ボウルなど）に内臓を処理したタコを入れ、そこに塩をたっぷりとふりかける。

❺ 塩もみ 2
ゴシゴシと手でしごくようにしながら、タコに塩をもみ込んでいく。すると、ヌメリが出てくる。

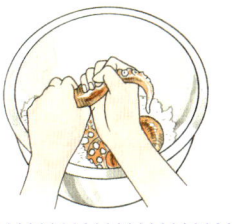

❻ 塩もみ 3
胴（頭）の部分も表側をもみ込んだら身をひっくり返し、裏側もしごくように塩をもみ込む。

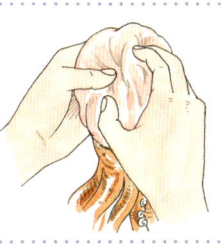

❼ 塩もみ 4
できれば吸盤のひとつひとつにも塩をもみ込む。さらに大根おろし（1カップ）を入れて、塩、タコのぬめり、大根おろしがなじむまでもむ。最後に水でキレイに洗い流す。

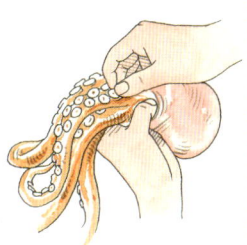

❽ ゆでる 1
鍋にたっぷり湯を沸かす。沸騰したら、そこへタコの頭を持って、まず足だけをつける。

❾ ゆでる 2
タコの足がクルッと丸まってくる。それを見計らってから、今度は手を放し、タコ全体をゆでる。ゆで時間は10分くらいを目安にする。ゆであがったら、ザルにのせて冷ます。

ワンポイント
大根おろしで洗うと大根の酵素でタコが柔らかくなるよ。もちろん、ぬめりもよく取れるよ。
塩もみって楽しいよ。この感触、なぜか子どもには大ウケ！　積極的に手伝ってくれるよ。

監修:上田　歩（うえだ あゆむ）

1966年（昭和41年）東京生まれ。東京農業大学卒
フリーランス・フィッシングライター。小学生時代に友人からもらったライギョを飼育したことがきっかけで魚に興味を覚え、その後、クレイジークローラーというルアーの存在からブラックバスを知ったオタクな飼育少年は、その魚に魅せられ、やがてはルアーフィッシングに夢中になる。また、学生時代から始めたフライフィッシングでは、特に北海道での釣りが今でも珠玉の記憶として残こる。大学卒業後、3年間のブランクをおいてフリーのライターに。単行本やムック、雑誌等で執筆を行う。現在では、ルアー、フライ・フィッシングをライフスタイルの中心におき、"釣れる釣り"を展開中。主な著書や連載物に『超かんたん! 家族・親子つり入門』土屋書店　『川釣り』、『釣り大事典』・小学館　『フライフィッシング完全マスター』・青春出版社　『初めての川釣り』・海悠出版　『どーんと釣る』共同通信社など、ほかにも雑誌等で執筆。本人は決してルアーを疑似餌と解釈せずに"誘惑物"と捉えている。

- ■監修　　　　　　　　上田　歩
- ■カバーデザイン　　　玉川布美子
- ■アートディレクション　株式会社サンビジネス
- ■本文デザイン・DTP　株式会社サンビジネス
- ■イラスト　　　　　　北澤良枝　佐藤敏己　角　愼作　藤田有巳　もりなをこ
- ■構成　　　　　　　　ビーアンドエス

【参考文献】
「10分でできる! 魚料理　ぐんと手早く、本格レシピ56」
松田万里子（文化出版局）
「青背の魚を食べつくす　鯖鯵鰯秋刀魚」
料理・写真・文　西川 治（講談社）

超かんたん！ 食べるフィッシング

著　者　上田　歩
編　集　ビーアンドエス
発行者　田仲豊徳
印刷・製本　日経印刷株式会社
発行所　株式会社滋慶出版 / 土屋書店
東京都渋谷区神宮前3-42-11
TEL.03-5775-4471　FAX.03-3479-2737
https://tuchiyago.co.jp　E-mail:shop@tuchiyago.co.jp

©Jikei Shuppan Printed in Japan　　落丁・乱丁は当社にてお取替えいたします。

本書内容の一部あるいはすべてを、許可なく複製（コピー）したり、スキャンおよびデジタル化等のデータファイル化することは、著作権法上での例外を除いて禁じられています。また、本書を代行業者等の第三者に依頼して電子データ化・電子書籍化することは、たとえ個人や家庭内での利用であっても、一切認められませんのでご留意ください。

この本に関するお問合せは、書名・氏名・連絡先を明記のうえ、上記のFAXまたはメールアドレスへお寄せください。なお、電話でのご質問はご遠慮くださいませ。またご質問内容につきましては「本書の正誤に関するお問合せ」のみとさせていただきます。あらかじめご了承ください。